CHRIS LUBKEMANN

KLEINE SCHNITZEREIEN

Verlag Th. Schäfer im Vincentz Network

W0244177

© 2005 für die amerikanische Originalausgabe
"Whittling. Passing Time on the Trail, on the Porch, and under the Stars"
bei Fox Chapel Publishing Company, Inc.,
East Petersburg, Pennsylvania/USA

Verleger: Alan Giagnocavo
Lektorat: Peg Couch
Redaktion: Gretchen Bacon
Design und Layout: Troy Thorne
Fotos: Greg Heisy

Deutsche Ausgabe:
© 2006 Verlag Th. Schäfer im Vincentz Network, Hannover
Nachdruck 2007
»Kleine Schnitzereien. Grünholz schnitzen – unterwegs und überall«
Übersetzung: Waltraud Kuhlmann, Bad Münstereifel-Kirspenich
Lektorat: Joachim F. Baumhauer
Satz und Layout: Prengelayout, Uetze
Gesamtherstellung: Münstermann & Co. KG, Hannover

ISBN: 978-3-87870-597-0
Best.-Nr.: 9134

Verlag Th. Schäfer im Vincentz Network
Schiffgraben 43
30175 Hannover

Fordern Sie ein kostenloses Gesamtverzeichnis an und besuchen Sie uns im Internet
www.th-schaefer.de

Das Schnitzen von Holz und anderen Materialien bringt schon von der Sache her das Risiko von Verletzungen und Schäden mit sich. Autor und Verlag können nicht garantieren, daß die in diesem Buch beschriebenen Arbeitsvorhaben von jedermann sicher auszuführen sind. Autor und Verlag übernehmen keine Verantwortung für eventuell entstehende Verletzungen, Schäden oder Verlust, seien sie direkt oder indirekt durch den Inhalt des Buches oder den Einsatz der darin zur Realisierung der Projekte genannten Werkzeuge entstanden. Der Verlag weist ausdrücklich darauf hin, daß vor Inangriffnahme der Projekte diese sorgfältig zu prüfen sind, ebenso muß sichergestellt werden, daß vom Ausführenden die Handhabung der jeweiligen Werkzeuge beherrscht wird.

Die Vervielfältigung dieses Buches, ganz oder teilweise, ist nach dem Urheberrecht ohne Erlaubnis des Verlages verboten. Das Verbot gilt für jede Form der Vervielfältigung durch Druck, Kopie, Übersetzung, Mikroverfilmung sowie die Einspeicherung und Verarbeitung in elektronischen Systemen etc.

Gewidmet

ist dieses Buch in Liebe meiner Mutter, die zweifelsohne der größte Bewunderer meiner Schnitzarbeiten war. (Wer sonst hätte in seiner Handtasche stets Platz für eine kleine Schachtel mit Exponaten zum Vorzeigen gehabt?!)

Ich widme das Buch auch meinem Vater. Es waren seine Werkzeuge und das Rohmaterial, das er mir immer gern zur Verfügung stellte, die meine Liebe zum Holz und die Freude an der Arbeit weckten, und das schon sehr früh.

Mein aufrichtiger Dank

gilt den Mitarbeitern des Verlags *Fox Chapel*. Sollten Sie jemals den Entschluß fassen, ein Buch zu schreiben, und den damit verbundenen Spaß und die Erfahrungen wirklich genießen wollen, melden Sie sich am besten dort.
An der Entstehung dieses Buches waren viele Menschen beteiligt, denen ich von Herzen danke. Besonders bedanke ich mich bei Alan, Peg, Gretchen, Troy, Mark und Greg, mit denen ich am engsten zusammenarbeitete.
Was die Bearbeitung von Holz und den Einsatz eines Taschenmessers betrifft, so bin ich auf diesem Gebiet einigermaßen bewandert. Ich kann allerdings nicht von mir behaupten, umfangreiche Fachkenntnisse im Wandern, Campen oder Grillen zu haben, und schon gar nicht, daß die Rezepte in diesem Buch zum Genießen im Freien von mir stammen. Diese ungemein bereichernden Zusatzinformationen im Buch verdanke ich allesamt Gretchen und ihrer »*Fox Chapel*-Wandertruppe« (wie ich sie mal nennen will). Ein lustiges Team, mit dem ich gern zusammengearbeitet habe!

Ein Hinweis des Verlags

Dem Buch merkt man stellenweise deutlich die amerikanische Herkunft des Autors an. Wir haben in unserer Übersetzung bewußt die Hinweise auf die lokale Geographie sowie Flora und Fauna belassen. Gleiches gilt auch für die Kochrezepte und die folkloristischen Elemente im Buch. Hochinteressant für den deutschen Naturfreund sind sicher die Tips zum Aufenthalt in der (in den USA wirklich) freien Natur. Vielleicht inspiriert gerade das den einen oder anderen Leser zu einer Reise über den großen Teich und zu einem Besuch der im Buch erwähnten Nationalparks. Lagerfeuer-Romantik genießen kann man natürlich auch in Good Old Germany, und in Feld und Flur herumstreifen und Spaß am Grünholzschnitzen haben kann man sowieso überall. Dieses außergewöhnliche Anleitungsbuch trägt garantiert zu diesem Spaß bei!

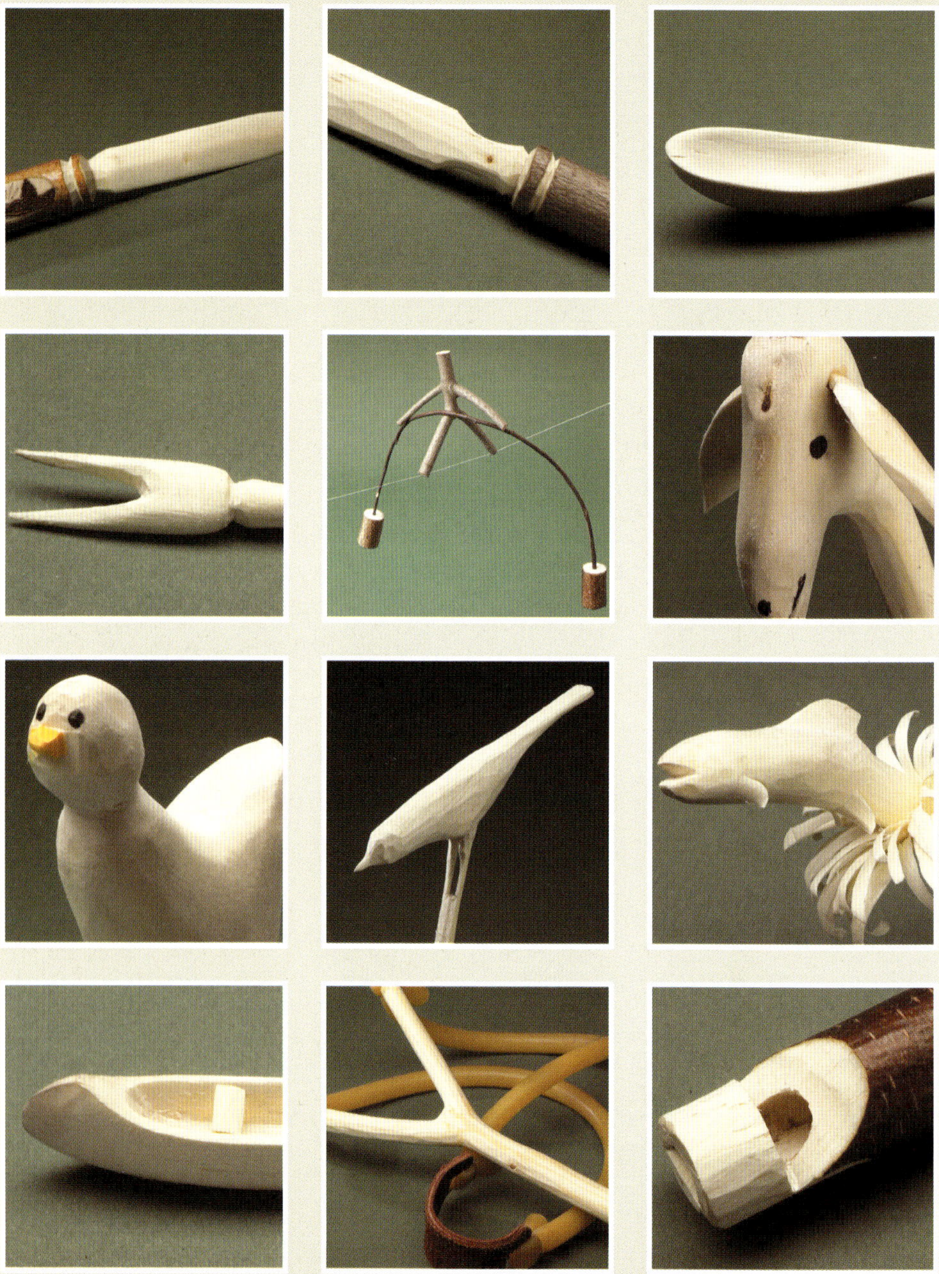

Inhalt

Die Schnitzprojekte

Chris Lubkemann

Chris Lubkemann wuchs als Kind von Missionaren in den Wäldern Brasiliens und Perus auf, wo Sägen, Hobeln, Hämmern und Bauen zum täglichen Leben gehörten. Schon bald entwickelte er eine echte Begeisterung für Holz und vertrieb sich – und anderen – die Zeit, indem er Flöße, Baumhäuser, Fallen und Schleudern aus Resten baute. Seit dieser Zeit sind seine Kenntnisse in der Holzbearbeitung immer eng mit der Freude verbunden, die diese beschauliche Tätigkeit in der »guten alten Zeit« ausmachte.

1972 erschien eine erste Veröffentlichung zum Schnitzen als Sammlung von Notizen, die seither kontinuierlich in englischer und portugiesischer Sprache niedergeschrieben werden. Sein letztes Buch *Whittling Twigs and Branches* erschien 2002 beim Verlag *Fox Chapel Publishing*. Der Autor schreibt regelmäßig für die Zeitschrift *Chip Chats*, und seine Arbeiten sind in *Wood Carving Illustrated* sowie im Internet in diversen Hobbywerker-Seiten zu sehen. Er hat aus Zweigen einige der kleinsten Schnitzereien der Welt geschnitzt; 1981 wurde er für seinen winzigen Miniaturgockel im Guinness-Buch der Rekorde ausgezeichnet.

Zur Zeit demonstriert Chris Lubkemann als Gast-Holzschnitzer sein Können auf der *Amish Farm and House,* einem Freilichtmuseum in Lancaster, Pennsylvania.

EINLEITUNG

Viele Menschen denken, wenn sie »Freihandschnitzen« oder »Grünholzschnitzen« hören, an einen komischen Kauz, nicht mehr ganz jung, mit langen Haaren, Zahnlücken und einer Latzhose. Er sitzt irgendwo am Ende der Welt auf der Veranda einer betagten Hütte und wippt auf seinem Schaukelstuhl vor sich hin. Oder es sitzen mehrere solcher Gestalten in der Ecke eines Krämerladens auf Schemeln herum, um einen Kanonenofen von anno dazumal. In beiden Fällen türmen sich zu ihren Füßen Berge von Spänen. Die wichtigsten Requisiten dabei sind aber die abgenutzten Taschenmesser und die noch älteren und noch mehr von Arbeit gezeichneten Hände, die damit werken. Lassen Sie sich ein auf dieses Bild, und vervollständigen Sie es im Geist.

Sicher ist auf diese Weise viel geschnitzt worden. Was kam nun bei solchen Veranda- und Kanonenofensitzungen aber wirklich heraus? Vermutlich wurde oft nur viel Abfall produziert, und am Ende blieb nur das Messer in der Hand übrig. Ich bin aber sicher, daß in vielen anderen Fällen das Resultat ein echtes und wahrhaftes Kunstwerk war.

Wenn man sich die Bedeutung von »Grünholzschnitzen« ansieht, wird leicht verständlich, warum sich viele Freihandschnitzer bzw. Grünholzschnitzer mit einer Definition so schwer tun und sich von bestimmten Begriffen absetzen wollen. Ich habe in der Holzschnitzer-Szene etliche Leute kennengelernt, die sich gegen den Ausdruck »Freihandschnitzen« sträuben. Sie sprechen dafür lieber von »Schnitzen«, weil sie ihre Arbeit als ernsthafte Kunst verstanden wissen möchten und nicht als bloße Abfallproduktion. Spaßeshalber griff ich zum nächstbesten Lexikon, um die Definition von »Freihandschnitzen« nachzuschlagen und fand dies: »Abschälen oder Abschneiden von Spänen von der Holzoberfläche mit einem Messer« oder »Formgebung durch Schälen oder Schneiden«. Ebenfalls schlug ich »Schnitzen« nach: »Formgebung durch Schneiden, Ablösen von Spänen, Hauen, Hacken« und »Oberflächendekor aus eingeschnittenen Mustern.« Demnach sind »Freihandschnitzen« und »Schnitzen« fast identisch. Allerdings liest sich die erste Definition

Dieses Buch gibt immer wieder – wie hier in diesem Kasten – zusätzliche Informationen. Sie finden zum Beispiel Tips zum Feuermachen und Empfehlungen, was man als Fischköder nehmen sollte, oder auch mal leckere Rezepte für allerlei süße Genüsse. Werfen Sie auch mal einen Blick auf die Hinweise auf einigen Seiten ganz unten. Ob Sie in Wald und Flur unterwegs sind, auf dem Campingplatz oder zu Hause: Ich hoffe, daß diese »Zugaben« zu der Freude und der entspannten Atmosphäre beitragen, die beim Schnitzen aufkommen.
Ach ja, und vergessen Sie nicht, einige meiner Empfehlungen von Seite 32 und 33 auszuprobieren!

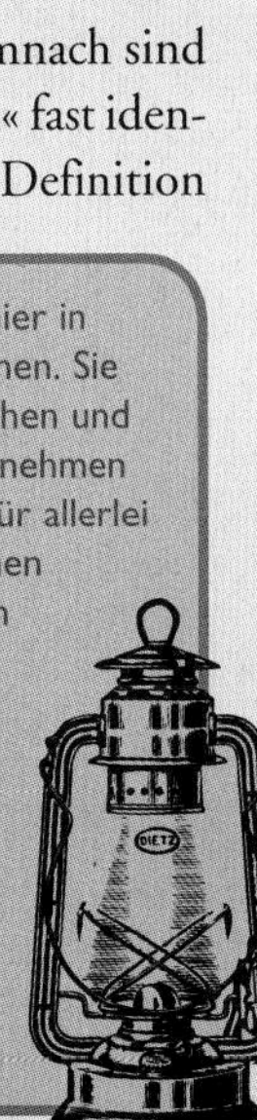

von »Freihandschnitzen«, als wäre das Endprodukt nur der Spanhaufen auf dem Boden, während die zweite Definition alle Arten von Kreativität und echten Kunstobjekten umfaßt.

Frisches »grünes« Holz freihand zu schnitzen ist sehr beliebt, es macht einen Riesenspaß und ist mit Sicherheit nicht auf die von mir beschriebenen Charaktere, Schauplätze und Definitionen begrenzt. Für mich ist das Grünholzschnitzen eine einfache Art des Holzschnitzens, bei der man in erster Linie mit dem Messer arbeitet. Egal wie alt man ist, welchen Lebensstil man pflegt und wie groß die Vorkenntnisse sind – alle haben Spaß an dieser Form des Schnitzens, die keinen großen Aufwand erfordert und garantiert entspannend wirkt. Für Menschen, die noch nie ein Stück Holz geschnitzt haben, wird sich eine ganz neue Welt auftun. Und selbst geübte Holzschnitzer dürften in diesem Buch manche Idee entdecken, die sie begeistern wird.

Neben dem Entspannungseffekt hat das Schnitzen noch eine Menge anderer Vorteile. Das Rohmaterial kostet nichts und ist im allgemeinen leicht zu finden. (Ich kann mich nicht daran erinnern, in den letzten 39 Jahren auch nur einen Cent für meine Zweige oder Äste bezahlt zu haben!) Und wie sieht es mit dem Werkzeug aus und dem Rest, den man sonst noch braucht? Sie sind einfach, preiswert und sehr leicht zu bekommen.

Generell ist das Grünholzschnitzen ein recht »mobiles« Handwerk. Sie können Ihre Schnitzarbeit fast überall mit hinnehmen. Daher habe ich dieses Buch als Begleiter für draußen konzipiert. Ob Sie in Wald und Flur unterwegs sind, am Lagerfeuer sitzen oder auch nur auf der Veranda die Seele baumeln lassen, Sie werden eine Menge interessanter Dinge erfahren, damit Sie auch zwischen Ihren Schnitzprojekten keine Langeweile bekommen. Sollten Sie sich nicht so gerne in freier Natur aufhalten, gibt es ebenso viele Gelegenheiten, drinnen zu schnitzen. Ich selbst habe schon beim Überreichen von Abschlußurkunden und bei Hochzeitsfeiern, beim Frisör, im Wartezimmer und im Stau geschnitzt, um nur einige Gelegenheiten zu nennen.

Entspannen Sie sich also, schnitzen, schneiden und formen Sie nach Herzenslust. Freuen Sie sich an dem, was Sie tun, und machen Sie sich nichts daraus, wenn das Resultat nicht gleich perfekt ist oder nicht den gängigen Vorstellungen entspricht. Ich hoffe, daß Sie nach der Lektüre schnell zur Tat schreiten. Mein Wunsch ist, daß Ihnen die Projekte Befriedigung geben und innere Ruhe, daß sie Ihre Kreativität anregen und Sie zu eigenen Ideen anspornen, solche, an die ich im Leben nicht gedacht hätte.

Viel Spaß beim Schnitzen
wünscht Ihnen

Chris Lubkemann

Grünholzschnitzen ist ein »mobiles« Handwerk. Sie können Ihre Schnitzarbeit fast überall mit hinnehmen. Wie Sie sehen, konnte ich mir im Stau auf dem Highway irgendwo in Virginia auf geniale Weise die Zeit vertreiben.

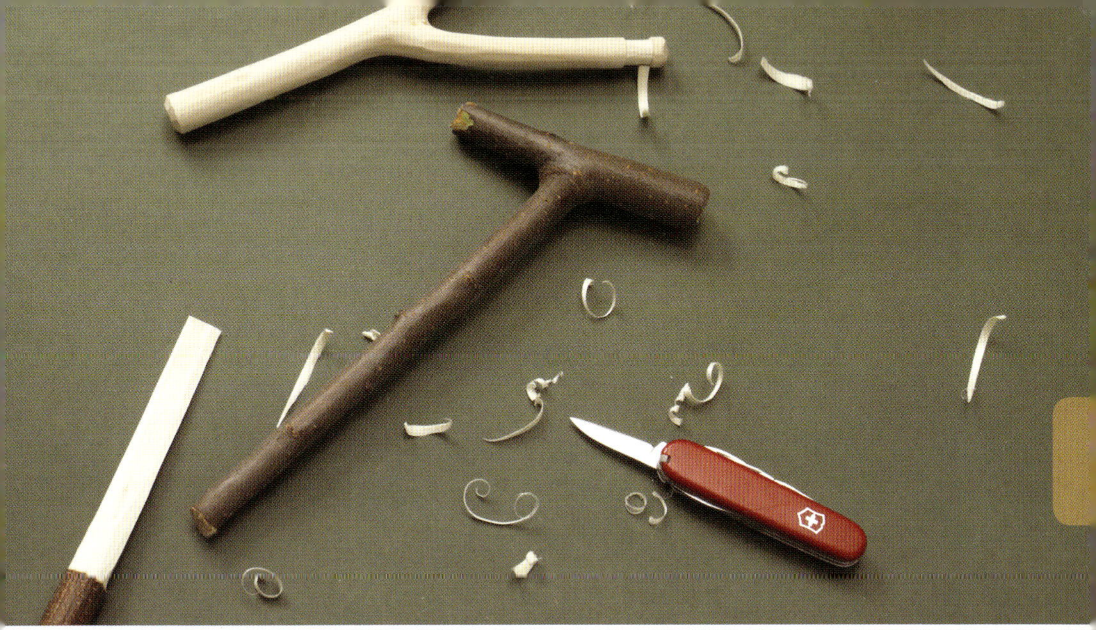

NUN GEHT ES LOS

Haben Sie noch nie geschnitzt, nehmen Sie sich etwas Zeit und lesen die einleitenden Abschnitte, denn sie enthalten Tips und Hinweise auf Techniken, die Ihnen das Schnitzen leichter und erfreulicher machen. Behandelt werden hier u. a. die Wahl des Holzes, das Schärfen und die grundlegenden Schnitte.

DIE WAHL DES HOLZES

Als wichtigstes Rohmaterial der folgenden Anleitungen dienen in der Regel irgendwelche kleinen Äste oder Zweige; damit will ich aber keineswegs sagen, daß unsere Schnitzprojekte nur mit Ästen möglich sind. Viele Arten von Restholz erfüllen durchaus denselben Zweck. Ich nehme Zweige und Äste, weil ich Zeit meines Lebens Äste zum Schnitzen genommen habe. Ich habe buchstäblich zentnerweise Zweige und Äste zur Hand und habe damit die meiste Erfahrung.

Falls Sie keine guten Äste, dafür aber Schnittholzreste haben, so experimentieren Sie mit dem, was Ihnen zur Verfügung steht. Ihr Holz sollte einen geraden Faserverlauf haben und astfrei sein. Auf dem unten abgebildeten Foto sehen Sie unterschiedliche Holzarten neben zwei Brieföffnern und einem kleinen Boot, die aus Schnittholzresten gefertigt wurden. Im allgemeinen empfehle ich jedoch Zweige und Äste, sie bieten ein ausgezeichnetes Rohmaterial.

Falls Sie keine guten Äste zur Hand haben, sind Schnittholzreste eine gute Alternative.

GRUNDLAGEN

ALLGEMEINE EIGENSCHAFTEN VON SCHNITZHOLZ

Für die meisten unserer Schnitzprojekte sind gerade Holzstücke ohne Astgabel erforderlich. Als Regel gilt: Das beste Holz ist 1. geradfaserig, hat 2. dünnes Mark (der kleine schwammartige Teil in der Astmitte) und hat 3. keinen klebrigen Saft.

Kurze Anmerkung zur Kiefer: Ich vermeide es, die Äste von Kiefern zu verarbeiten, denn sie enthalten eine Menge klebrigen Saft. Wenn man frische Kiefer schnitzt, muß man elend lang Messer und Hände reinigen. Für einige Projekte eignen sich allerdings gesägte Kiefernklötze oder Bretterreste. Nur aus Erfahrung werden Sie schließlich sagen können, womit man gut arbeiten kann und womit nicht.

HOLZFEUCHTIGKEIT

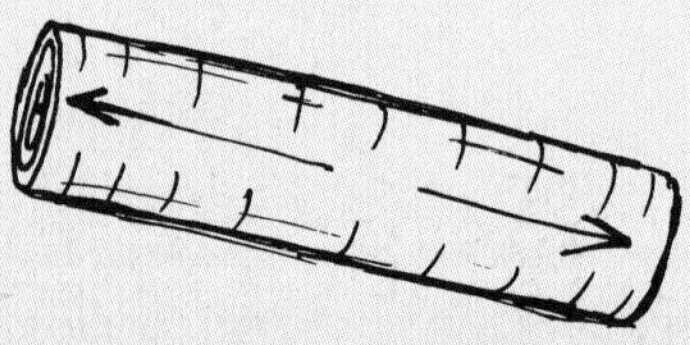

Für die meisten unserer Projekte sind gerade Äste ohne Astgabel erforderlich. Sie erkennen hier, daß die Faser nur in eine Richtung verläuft.

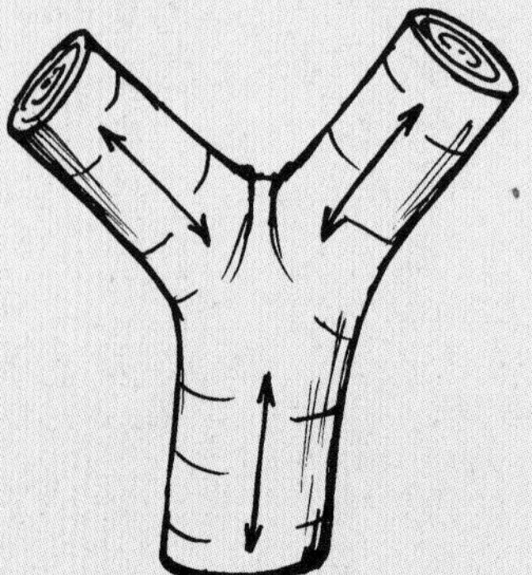

Mitunter ist eine Astgabel von Vorteil. Diese Äste sind etwas schwieriger zu schnitzen, da die Faser in drei Richtungen verläuft.

Beim Beschaffen Ihres Schnitzholzes sollten Sie Äste meiden, die so trocken sind, daß sie beim Biegen direkt zerbrechen. Am liebsten schnitze ich Holz, das noch etwas Feuchtigkeit enthält. Als Faustregel gilt: Verwenden Sie weder frisch geschnittenes noch sehr trockenes Holz.

Einige Harthölzer, wie verschiedene Ahorne, Eichen und Buchen müssen recht frisch bearbeitet werden. Mit Ausnahme der Schwarzbirke, die härter ist als die anderen Birkenarten, lassen sich auch einige Birkenarten gut schnitzen, wenn sie etwas getrocknet sind. Das gilt insbesondere für einige der sehr dünnen Birkenzweige, die wir zum Schnitzen der winzigen Miniaturen verwenden.

Damit die Äste nicht zu sehr austrocknen, länge ich sie auf schnitzfertige Größen ab und lagere sie in Plastikbeuteln in der Gefriertruhe. Das setzt natürlich voraus, daß Sie zu Hause mit Ihrem persönlichen Gefriertruhenverwalter Lagerkapazitäten für Holz ausgehandelt haben!

In den meisten Fällen können Sie zu hart und zu trocken gewordene Äste einweichen. Ist das Holz durchtränkt, behandeln Sie es wie einen frisch geschnittenen Ast und lassen es vor der Bearbeitung wieder etwas trocknen. Ein Problem ist die Rinde, die sich nach dem Einweichen löst. Oft ist es besser, einen neuen geeigneteren Ast zu suchen, als einen alten zu wässern. Machen Sie sich keine unnötige Arbeit.

Der Ast sollte dünnes Mark (der schwammartige Teil in der Astmitte) haben. Beispielsweise sollte ein Ast mit 13 mm Durchmesser Mark von maximal 1,5 mm Durchmesser haben.

ASTMATERIAL AUSFINDIG MACHEN

Suchen und Finden zum Schnitzen geeigneter Äste macht schon einen Riesenanteil vom Spaß an der Sache aus. Mit der Zeit und mit etwas Übung entwickeln Sie einen »Riecher« für gutes Holz. Sie entdecken es am Straßenrand, an Abholtagen neben Mülltonnen, auf gerodeten Neubaugrundstücken, aufgestapelt auf Recyclinghöfen, und nach einem Sturm liegt es überall herum. Viele Leute haben auch einen ganz anständigen Fundus im eigenen Garten. Ich selbst habe immer eine kleine Säge oder Baumschere im Auto, damit ich für jede gute Gelegenheit gerüstet bin.

DER BESTE ZEITPUNKT, UM ÄSTE ZU SCHNEIDEN

Eigentlich können Sie zu jeder Jahreszeit gut Holz schneiden. Selbst im Winter, denn dann lassen sich ansprechend geformte Äste leicht erkennen. Und sollten Sie zufällig bei Frost in New Jersey durch einen Sumpf stapfen und einen Roten Ahorn suchen (der übrigens auch in vielen anderen Nicht-Sumpf-Regionen wächst), dann haben Sie wenigstens festen Boden unter den Füßen. Es gibt noch einen Vorteil der kalten Jahreszeit: Falls Sie in einem Gebiet, wo es Klapperschlangen oder Mokassinottern gibt, auf die Pirsch nach Zweigen gehen – die Schlangen halten Winterschlaf. Im Sommer sind Sie gut beraten, wenn Sie mit dem einen Auge nach den Ästen Ausschau halten und mit dem anderen nach allem, was dort so kreucht und fleucht.

ÄSTE VORBEREITEN

Nicht selten sind die Äste voller Staub, verschimmelt oder von Pilzen befallen. Mit Lappen und Bürste und einem Eimer Wasser lösen Sie das Problem. Auf jeden Fall ist es besser, sauberes Holz zu verarbeiten. Oft wasche ich von einem Stoß Ästen zuallererst die Rinde ab, damit kein Schmutz an das saubere innere Holz gelangt.

Kleiner Tip: Wachsen Sie Ihre Schnürsenkel vor dem Wandern, damit sich keine Grannen oder Kletten daran festhaken.

HOLZARTEN

Natürlich eignet sich die eine Holzart besser als die andere, doch Sie haben nicht immer das ideale Holz zur Hand. Am besten experimentieren Sie mit den unterschiedlichen Zweigen, die Sie sammeln. Die Chancen, daß Sie zumindest eine Baum- oder Strauchart finden, mit der Sie zufrieden sind, sind nicht schlecht, und in kurzer Zeit haben Sie Ihre eigene Liste von Rohmaterialfavoriten erstellt.

Die meisten der etwa 80 von mir verwendeten Astarten waren Harthölzer. Um ehrlich zu sein, ich arbeite wirklich nicht sehr gerne mit Weichholz. Da die meisten Zweige, die ich schnitze, eher saftfrisch und relativ klein sind, hat mich die Härte des Holzes noch nie abgeschreckt. Nachfolgend habe ich einige meiner Lieblingshölzer aufgelistet.

BIRKE: Jede Birkenart ist ausgezeichnet. Mir ist noch nie schlechtes Birkenholz untergekommen! Birke gehört zu meinen bisher unerreichten Lieblingshölzern.

AHORN: Es gibt auch etliche Ahornarten. Während die einen sehr dünnes Mark haben, haben die anderen dickeres Mark. Für die meisten Schnitzprojekte eignen sich eher die Arten mit dünnem Mark. Aber versuchen Sie selbst. Es lohnt sich, mit jeder Art zu experimentieren. Roter Ahorn ist einer meiner Favoriten.

KIRSCHE: Ich habe unterschiedliche sowohl kultivierte als auch wildwachsende Kirschholzarten geschnitzt. Sie eignen sich alle recht gut.

BUCHE: Ich habe festgestellt, daß Buche etwas spröde sein kann, doch wenn Sie vorsichtig arbeiten, verhält sie sich gut.

EICHE: Es gibt zahlreiche Eichenarten, von denen die einen für bestimmte Projekte besser geeignet sind als die anderen. Ich habe einige schöne Teile aus Sumpfeiche, Steineiche und Wassereiche gefertigt. Westafrikanische Eiche ist für die meisten Projekte nicht besonders gut, da sie dazu neigt, sehr grobporig zu sein und einen welligen Faserverlauf zu haben.

STECHPALME ODER ILEX: Ein sehr hartes, feinporiges Holz, mit dem man schöne Stücke fertigen kann.

ORANGE, ZITRONE, TANGERINE, GRAPEFRUIT: Sämtliche Zitrushölzer eignen sich gut (mit Ausnahme der neuen schnellwüchsigen Triebe, die sehr viel Mark enthalten). Ich bekam einmal einige große Zitrusäste, als in Sarasota eine Zitruspflanzung einer Schule weichen mußte. In Plantagen wird immer ausgeästet, und die Äste liegen auf dem Boden.

ZEDER: Zeder gehört zu den wenigen Immergrünen, die ich verwendet habe. Sie enthält etwas Saft, aber das ist nichts im Vergleich zu saftfrischen Kiefernzweigen!

MYRTE: Ich glaube, Wachsmyrte verwendet zu haben, doch es lohnt sich, auch andere Myrtenarten auszuprobieren.

ZYLINDERPUTZER, INDIAN ROSEWOOD, SCHNEEBALL: Das sind einige gut geeignete Florida-Hölzer. Eine meiner Lieblingsschleudern besteht aus einer Astgabel aus Schneeball; sie ist sehr, sehr stark und wunderbar symmetrisch.

ZIERAPFEL, ZIERPFLAUME: Zierbäume mit guten Ästen.

APFEL, PFIRSICH, QUITTE, GUAVE: Weitere Obstbäume mit gut geeigneten Ästen.

DIE WAHL DES MESSERS

Was das Werkzeug anbelangt, muß ich zugeben, eine Art Minimalist zu sein. Mein Hauptwerkzeug ist ein Zweiklingen-Taschenmesser. Natürlich hat dieses Schweizer Offiziersmesser von Victorinox, das ich die letzten Jahre benutze, mehr technische Spielereien, als ich normalerweise zum Schnitzen benötige (obwohl ich sie für eine Menge anderer Zwecke nutze), doch mit seinen beiden Taschenmesser-Klingen arbeite ich am liebsten. Mit der kleinen Klinge erledige ich 90 % der Arbeiten und mit der großen die restlichen 10 %.

Zahlreiche Schnitzer arbeiten erfolgreich mit speziellen Schnitzmessern. Dabei sollte man mindestens zwei Klingengrößen haben: die eine sollte nicht länger als 38 mm sein, und die andere sollte eine Länge von 51 bis 64 mm haben. Für welches Messer Sie sich entscheiden, liegt ganz bei Ihnen; wählen Sie das Messer, das Ihnen am angenehmsten in der Hand liegt.

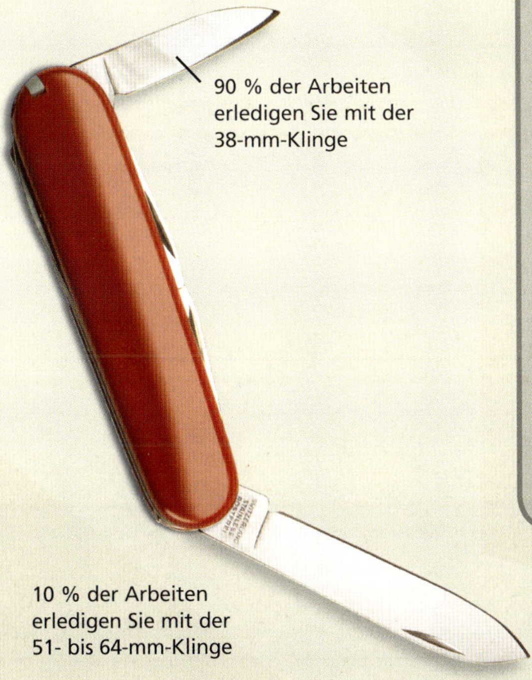

Gleich welches Messer oder welche Messerklinge Sie verwenden, befolgen Sie stets die folgenden zehn absolut wichtigen Schnitzregeln. Verletzen Sie nicht eine einzige davon!

ZEHN ABSOLUT WICHTIGE SCHNITZREGELN

1. Achten Sie darauf, daß das Messer scharf ist.
2. Ihr Messer muß ordentlich scharf sein!
3. Schnitzen Sie nicht mit einem Messer, das nicht scharf ist.
4. Prüfen Sie vor dem Schnitzen, ob Ihr Messer scharf ist.
5. Es ist sehr frustrierend, mit einem Messer zu schnitzen, das nicht zumindest sehr scharf ist!
6. Beim Holzschnitzen ist scharf gleichbedeutend mit gut und stumpf mit schlecht..
7. Das Messer muß scharf bleiben!
8. Ist Ihr Messer wirklich scharf, arbeiten Sie damit wesentlich besser.
9. Haben Sie Regel 1 bis 8 nicht verstanden, achten Sie darauf, daß Ihr Schnitzmesser scharf ist!
10. Haben Sie noch irgendwelche Zweifel, so halten Sie sich an die Regeln 1 bis 9.

Übrigens: Es gibt bei Schweizer Offiziersmessern über 100 verschiedene Modelle.

WEITERES WERKZEUG UND ZUBEHÖR

Sie werden wahrscheinlich feststellen, daß das Schnitzen noch mehr Spaß macht, wenn Sie außer dem Messer noch einige andere Werkzeuge benutzen. Ich nenne Ihnen einige, die ich verwende, doch erstellen Sie Ihre Liste nach Ihren individuellen Vorlieben.

SCHLEIFPAPIER. Besorgen Sie sich Schleifpapier mit Körnungen von fein bis sehr fein. Bei den Projekten verwenden wir Schleifpapier oft zum Glätten.

BLEISTIFT, KUGELSCHREIBER ODER MARKER. Zum Anzeichnen des Entwurfs auf dem Holz.

ROTATIONSWERKZEUG ODER ANDERE SCHNITZWERKZEUGE. Mit Hilfe von Rotationswerkzeugen, Meißeln, Bohrern und ähnlichen Werkzeugen können Sie einige unserer Werkstücke schneller fertigen. Werkzeug dieser Art ist sicherlich nicht erforderlich, doch wenn Sie es haben, können Sie es ruhig benutzen.

CYANACRYLAT-KLEBER. Einige unserer Werkstücke können Sie vor dem Bemalen mit CA-Kleber (Sekundenkleber) grundieren. Dadurch werden sie stabiler. Verwenden Sie CA-Kleber, können Sie auf Teilen, die sich wie zum Beispiel Blütenblätter wieder glätten würden, Farben auf Wasserbasis verwenden.

BRANDMALKOLBEN. Mit dem Brandmalkolben signiere, datiere und verziere ich die Werkstücke.

ÖL- ODER ACRYLFARBEN. Bei Verwendung von Ölfarben glätten sich Blütenblätter nicht wieder. Daher ist eine vorherige Schicht CA-Kleber nicht erforderlich. Acrylfarben eignen sich gut, insbesondere in Verbindung mit CA-Kleber. Zudem lassen sie sich wesentlich leichter abwaschen als Ölfarben.

KLARES FINISH. Einige Werkstücke erfordern zwar keine Oberflächenbehandlung, als Schutz ist Polyurethan jedoch eine gute Wahl.

SCHÄRFEN UND ABZIEHEN

Zum Schärfen der Messer gibt es verschiedenste Methoden und Vorrichtungen. Ich verrate Ihnen, wie ich mein Messer auf sehr einfache Weise schärfe. Seien Sie allerdings so frei, zu Ihrer eigenen Methode zu finden.

Wie jede Methode erfordert auch meine eine gewisse Praxis. Sie funktioniert, und ich bin seit etlichen Jahren damit zufrieden. Auch der Preis ist recht akzeptabel, nämlich praktisch Null nach einer geringen Anfangsinvestition.

Schärfwerkzeuge (von links nach rechts): Lederstreichriemen mit Schärfpaste, Naß-Trocken-Schleifpapier unterschiedlicher Körnung, Klotz für das Schleifpapier und zwei verschiedene Kombinations-Schärfsteine.

Verwenden Sie das Schleifpapier nacheinander von der groben bis zur feinsten Körnung. In der Regel benutze ich Körnung 320, 400 und 600.

Ist das Messer absolut stumpf (selbst neue Klingen können stumpf sein), beginne ich in der Regel mit meinem Kombinationsschärfstein, und zwar zunächst mit der groben Körnung und dann mit der feinen. (Die meisten Schärfsteine haben zwei Oberflächen.) Ich halte die Klinge nicht ganz plan auf den Stein und bewege sie zunächst kreisend und dann mehrmals in gleitenden Zügen. Danach ist die Klinge angeschärft, jedoch zum Schnitzen noch nicht scharf genug.

Anschließend verwende ich nacheinander einige kleine Naß-Trocken-Schleifpapierstreifen oder Schleifgewebe, wie man es in der Autowerkstatt verwendet. In der Regel verwende ich Körnung 320, 400 und 600 (je größer die Zahl, desto feiner die Körnung). Einige meiner abgenutzten Blättchen habe ich seit acht oder zehn Jahren und arbeite immer noch damit. Sie sind praktisch so glatt wie Papier, doch immer noch zum Polieren der Schneiden gut.

Zum Schluß streiche ich meine Klinge mit etwas Schärfpaste über ein Lederstück. Jahrelang benutzte ich nur die rauhe Rückseite eines alten Ledergürtels.

Muß die Klinge lediglich geringfügig nachgeschärft werden, beginne ich mit Naß-Trocken-Schleifpapier der feinsten Körnung und ziehe zum Schluß einige Male auf dem Leder ab.

Halten Sie die Klinge nicht ganz plan auf den Stein, und bewegen Sie sie kreisend und in einigen gleitenden Zügen über die grobe Seite des Steins. Die Klinge weder heben noch wenden. Drehen Sie die feine (gelbe) Seite des Steins nach oben, und wiederholen Sie den Vorgang.

Legen Sie Naß-Trocken-Schleifpapier auf einen Holzklotz, und wiederholen Sie die in Schritt 2 beschriebene Vorgehensweise. Wenden Sie die Klinge, um sie beidseitig zu schärfen.

Selbst wenn die Schleifpapierstücke praktisch glatt sind, können Sie damit noch die Klingenschneide polieren.

Geben Sie etwas Schärfpaste auf den Lederstreichriemen. Legen Sie die Klinge plan darauf, und ziehen Sie sie auf jeder Seite einige Male von der Kante weg.

Kleiner Tip: Nudeln und Reis daheim kochen, in Frischhaltebeuteln verpackt in der Kühltasche aufbewahren und später vor Ort einfach wieder aufwärmen.

GRUNDLEGENDE SCHNITTE

Es gibt mehrere Möglichkeiten, mit dem Messer einzuschneiden. Die hier beschriebenen drei Schnitt-Techniken demonstrieren wir für Rechtshänder. Als Linkshänder arbeiten Sie spiegelbildlich.

GERADES SCHNEIDEN

Müssen Sie große Holzmengen oder Rinde rasch entfernen, eignet sich diese Art zu Schneiden am besten. Halten Sie das Holz in der linken Hand, und schneiden Sie in langen, kräftigen Schnitten mit der rechten Hand vom Körper weg. Bei dieser Technik habe ich das Gefühl, daß mein rechtes Handgelenk recht stabil ist (und gerade bleibt) und sich beim Schnitzen nicht verdreht.

ZIEHENDES SCHNEIDEN

Bei dieser Technik halten Sie das Holz in der linken Hand und das Messer in der rechten. Schneiden Sie in kurzen Schnitten auf den Körper zu (etwa wie beim Schälen einer Orange), und drücken Sie den rechten Daumen fest gegen das Holz. Achten Sie darauf, daß zwischen Klinge und Daumen genügend Holz verbleibt. Ich finde es hilfreich (und wesentlich sicherer!), den rechten Daumen auf dem linken Daumen und nicht oben auf dem Holz abzustützen. So kann die Klinge zum Schluß, wenn sie das letzte Holz abschneidet, nicht im rechten Daumen landen.

ANPRESSDRUCK MIT DEM DAUMEN AUSÜBEN

Diese besondere Technik ist bei kleinen Schnitten, die Präzision erfordern und bei denen Sie

nicht zu weit schneiden wollen, äußerst praktisch. Halten Sie das Holz mit vier Fingern der linken Hand, ohne den linken Daumen einzusetzen. Halten Sie das Messer mit der rechten Hand, und drücken Sie den rechten Daumen auf den Messerrücken. Drücken Sie mit dem linken Daumen entweder auf den Messerrükken oder auf den rechten Daumen.

Nachdem Sie nun das Basiswissen erlangt haben, lassen Sie uns die Schnitzprojekte in Angriff nehmen. Das Messerprojekt steht an erster Stelle, weil wir bei vielen Folgeprojekten die gleichen Schnitte und Techniken anwenden. Nun bleibt mir nur noch zu hoffen, daß Sie jede Menge Spaß haben werden und vielleicht fünf oder sechs (oder zehn) eigene Projekte hinzufügen.

Holzmesser

Material:

- Messer (scharf! – wie Sie wissen)
- geradfaseriges Holz Ihrer Wahl
- Schleifpapier zum Glätten der Klinge – verschiedene Körnungen von fein bis sehr fein (Körnung 150 und 220 sind in Ordnung). Abgenutzte Schleifpapierstücke sind toll für einen superglatten Feinschliff!
- Cyanacrylat-Kleber zum Härten der Klingenschneide
- Polyurethan oder anderes klares Finish als Oberflächenbehandlung
- Bleistift, Kugelschreiber oder Marker
- Brandmalkolben (wahlweise)

Holzmesser schnitze ich schnell und spontan, wo immer ich bin und zufällig mein Taschenmesser dabei habe. (Das Messer können Sie auch als Brieföffner verwenden.) Normalerweise ist es nicht schwer, einen herumliegenden geraden Stock oder Holzrest zu finden. Natürlich ist es besser, wenn der Stock oder Schnittholzrest astfrei und geradfaserig ist.

Was die Effizienz und Zweckmäßigkeit eines guten Holzmessers ausmacht, kann ich Ihnen versichern, daß sich Holz durchaus zu einer sehr guten Klinge formen und schärfen läßt. In meiner Kindheit, die ich im brasilianischen und peruanischen Amazonas-Regenwald verbrachte, waren die meisten der von den Eingeborenen gefertigten Pfeilspitzen aus Holz geschnitzt, und sie funktionierten tatsächlich! Wenn ich mir also vorstelle, daß unzählige Generationen völlig autarker Jäger und Fischer des brasilianischen und peruanischen Dschungels mit Holzspitzen jagten und fischten, bin ich mir sicher, daß wir ein brauchbares Messer fertigen können. Sicherlich leistet ein Messer oder Brieföffner aus Holz niemals das, was ein Messer aus Stahl vermag, dennoch können Sie es für vielfältige Zwecke benutzen.

Vergessen Sie nicht, daß Sie bei vielen Projekten die Maße vergrößern oder verkleinern können, und das gilt auch in diesem Fall. Die Techniken sind im Grunde für jede Größe die gleichen - ob das Teil einen Zentimeter oder einen halben Meter lang ist. Die beiden Hauptkomponenten eines jeden Messers sind 1. der Griff und 2. die Klinge. Außerdem gibt es enorm viele Formen, Stilrichtungen und Muster, was das Schnitzen des Griffes angeht. Auch die Klinge kann teilweise abhängig von der Form des »Rohlings«, also des verwendeten Zweigs oder Holzstücks, ganz unterschiedlich geformt sein.

1

Verwenden Sie einen relativ glatten Zweig (mit möglichst wenig Aststellen) mit dünnem Mark. Verarbeiten Sie einen Schnittholzrest, müssen Sie darauf achten, daß er geradfaserig ist. Links sehen Sie zwei Birkenholzzweige, rechts zwei Ahornzweige.

2

So gehalten, hat dieser Zweig eine leichte Krümmung. Drehen Sie ihn um eine Vierteldrehung, ist er im Grunde gerade. Die gerade Seite wird zum Messerrücken (siehe Fenster). Die gekrümmte Seite wird zum Seitenprofil des Messers.

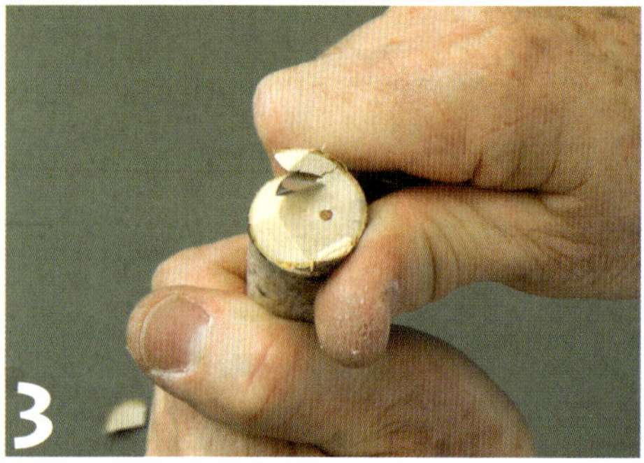

3

Runden Sie das untere Griffende ab. Schneiden Sie ziehend, dürfen Sie nicht vergessen, den Daumen hinter und unter dem Holzabschnitt, den Sie gerade bearbeiten, zu positionieren. So laufen Sie weniger Gefahr, daß die Klinge nach dem Abschneiden des Holzspans durchzieht und den Daumen verletzt!

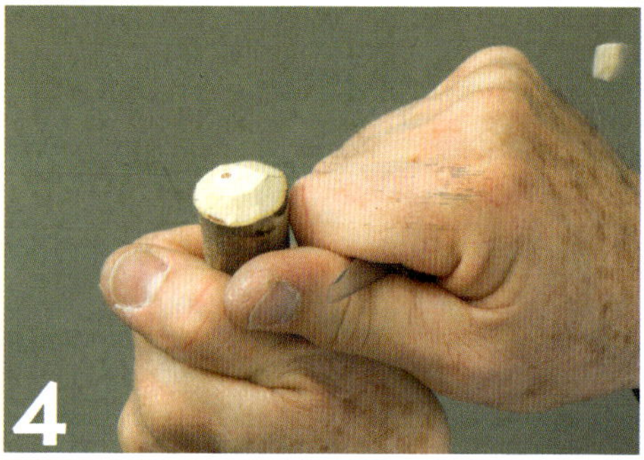

4

Hier sehen Sie das abgerundete Griffende, nachdem die Messerklinge durchgezogen wurde. Der fliegende Span über meiner Hand ist wohl der letzte abgeschnittene Span.

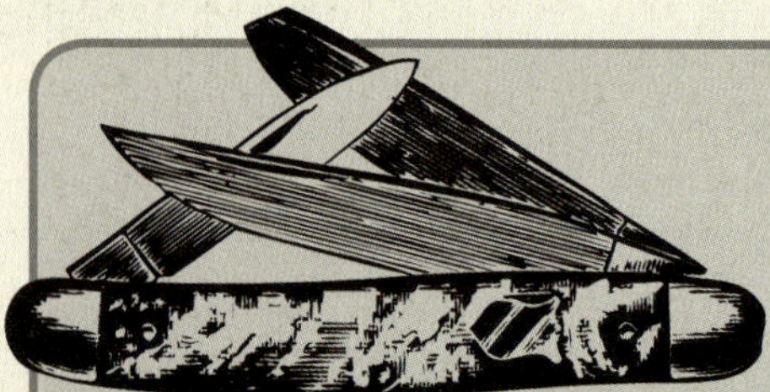

Ein Stück Geschichte

Der Meistermesserschmied Karl Elsner begann 1891, Multifunktionsmesser für die Schweizer Armee herzustellen. In der Schweiz nennt man sie »Offiziersmesser«. Bei den amerikanischen GIs, die sie im Zweiten Weltkrieg benutzten, hießen sie »Swiss Army Knife«. Heute produziert die Firma Victorinox über 100 verschiedene Taschenmesser-Modelle, deren Aushängeschild im Museum of Modern Art aufgrund seines exzellenten Designs zu sehen ist.

Nachdem Sie die Griff- und Klingenlänge festgelegt haben, beginnen Sie, die Seiten des Zweigs dort, wo sich die Klinge befinden soll, mit langen, geraden Schnitten abzuflachen.

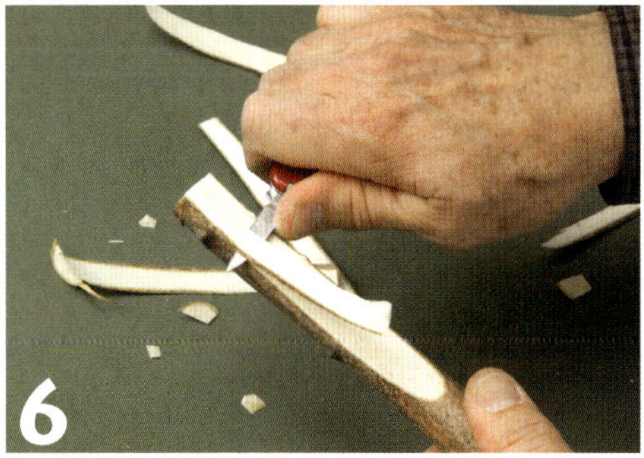

Einen guten langen Schnitt erzielt man, wenn man das Handgelenk gerade hält und das Messer bis zum Ende des Zweigs durchdrückt.

Wenn man dünne Späne abschneidet, schneidet man nicht zu tief. Auf jeden Fall ist es besser, jeweils nur wenig abzuschneiden, als ein dickes Stück auszuhöhlen und dabei tiefer zu geraten als gewollt.

Hören Sie auf zu schneiden, bevor Sie in das mittige Mark gelangen.

Flachen Sie die gegenüber liegende Seite des Zweiges ab, und achten Sie darauf, daß der Schnitt genau dort beginnt, wo Sie die andere Seite abgeflacht haben.

Blick von oben auf die Klinge, nachdem beide Seiten abgeflacht sind.

Kleiner Tip: Filmdosen und Arzneifläschchen können Sie gut zu Streichholzschachteln umfunktionieren.

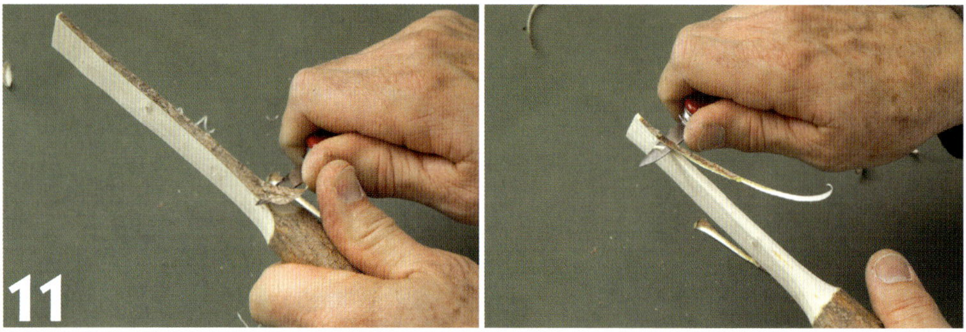

Entfernen Sie die verbliebene Rinde vom Klingenrücken und von der Unterseite.

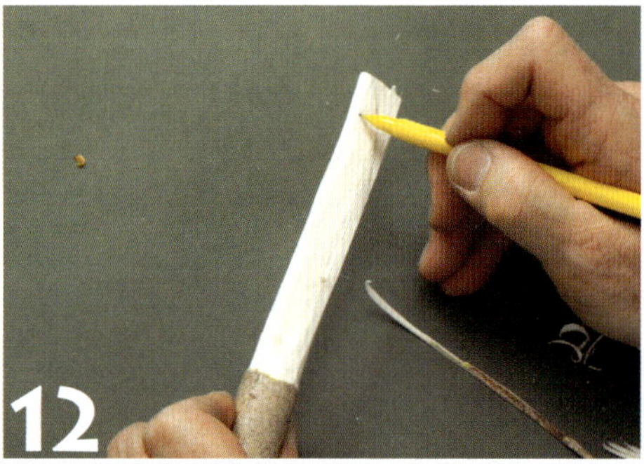

Skizzieren Sie die gewünschte Klingenform auf der Klinge.

Entfernen Sie das Holz unterhalb der Klingenspitze.

Entfernen Sie das Holz oberhalb der Spitze mit einem leicht ausschaufelnden Schnitt.

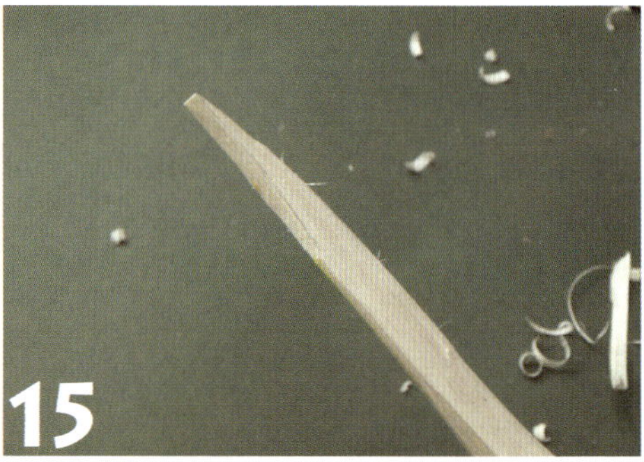

Vom Messerrücken aus betrachtet sieht die Klingenspitze nun so aus.

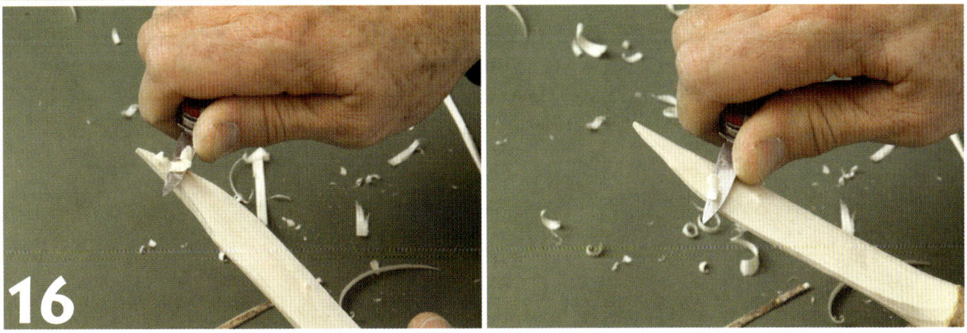

Schärfen Sie die Klingenschneide. Ist der verwendete Zweig noch recht frisch, dürfen Sie die Schneide nicht zu scharf machen. Lassen Sie das Holz vor dem Nachschärfen etwas trocknen und fest werden.

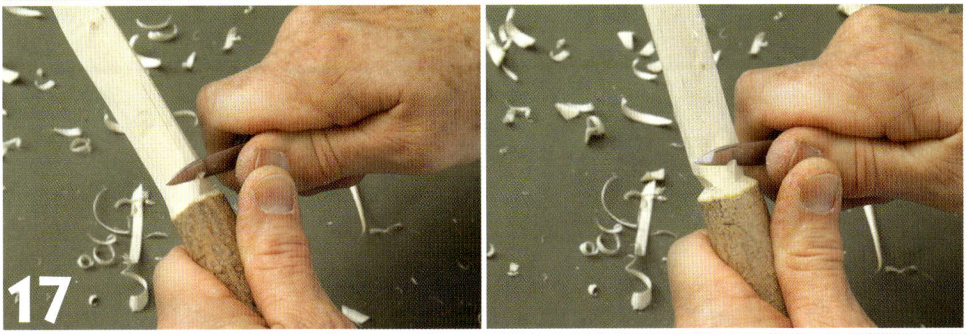

Machen Sie an der Klingenunterseite, dort wo Klinge und Griff zusammentreffen, einen recht breiten V-förmigen Schnitt. Diese Stelle darf allerdings nicht zu dünn geraten. Halten Sie sich vor Augen, daß Sie es mit Holz und nicht mit Stahl zu tun haben und daß das Messer kräftig und wirklich brauchbar werden soll.

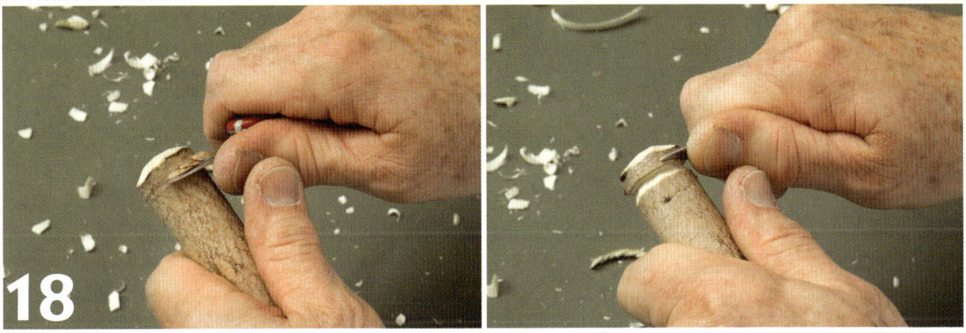

Für gewöhnlich schnitze ich in Kerbschnitztechnik an beiden Griffenden eine kleine umlaufende Rille. Nicht, daß das Messer dadurch besser funktionieren würde – es sieht einfach besser aus. Und wenn Sie wirklich kreativ sein wollen, können Sie sich am Griff beim Kerbschnitzen vollends verausgaben, denn der Kontrast der dunklen Rinde zum darunter befindlichen hellen Holz bietet ungeahnte Möglichkeiten.

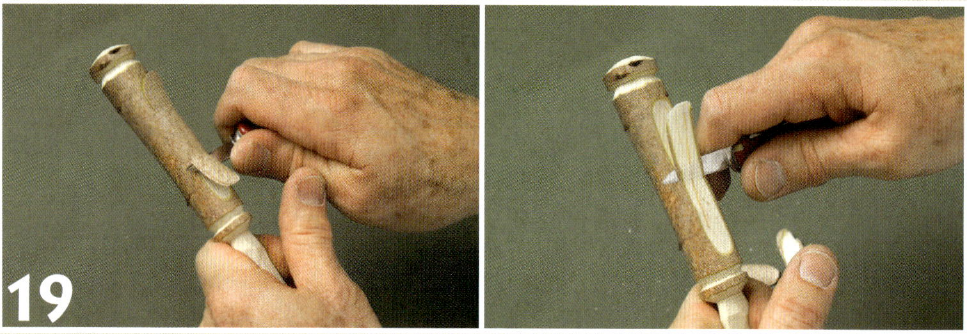

19

Oftmals arbeite ich auf einer Griffseite oder auf beiden Seiten eine Mulde für ein Dekor ein. Sehen Sie, in welche Richtungen ich schneide. Schneiden Sie von beiden Enden so zur Muldenmitte, daß sich die Schnitte in der Mitte treffen. Versuchen Sie nicht, das ganze Stück in einer Richtung auszuschaufeln.

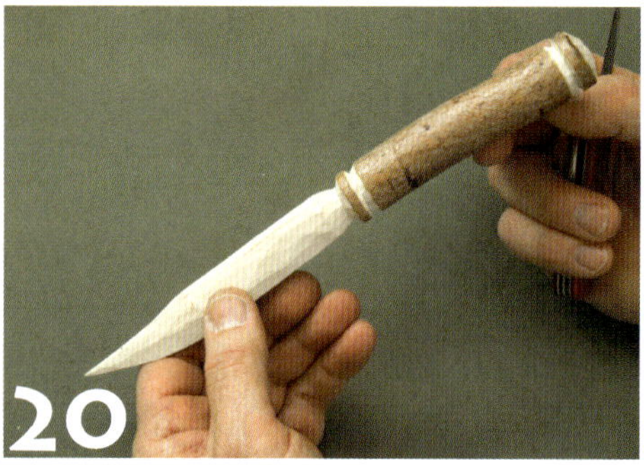

20

Bei diesem Messer habe ich auf einer Griffseite die Rinde belassen.

21

Ist das Holz zum Schleifen trocken genug, glätten Sie die Klinge mit einem Stückchen feinem Schleifpapier.

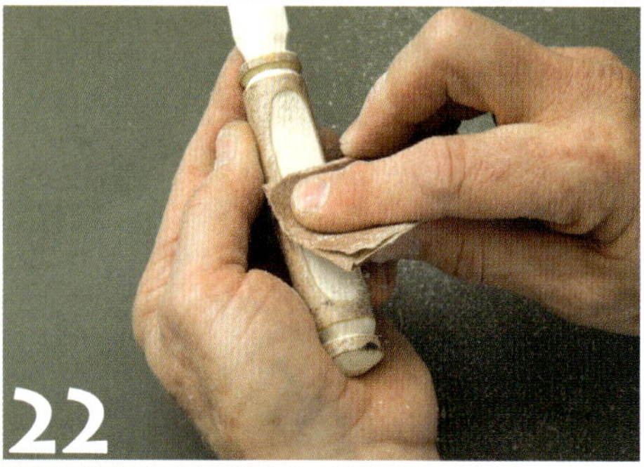

22

Glätten Sie auch die Mulde.

23

Mit sehr feinem Schleifpapier können Sie die Klinge nacharbeiten und ordentlich scharf machen.

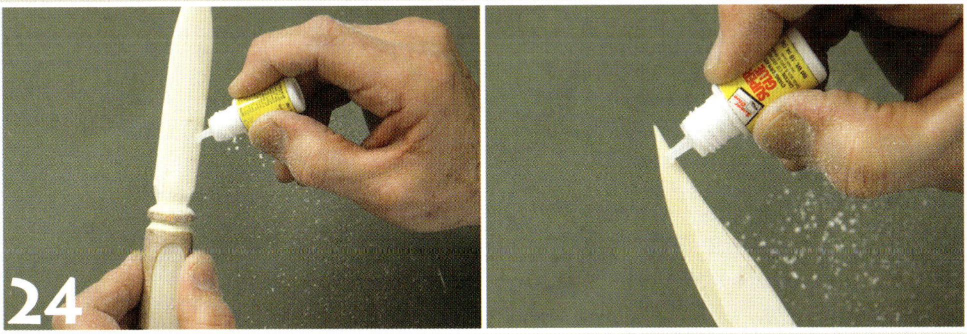

Härten Sie die Klingenschneide und die Messerspitze mit Cyanacrylat-Kleber.

Ist der Kleber ausgehärtet, schleifen Sie die Schneide und die Spitze bis zum gewünschten Grad nach. Nun ist Ihr Messer fertig. Sie können es allerdings noch wie ich individuell gestalten.

Ein Messer für weit mehr als nur zum Schnitzen

Ein Taschenmesser guter Qualität hat unbegrenzte Einsatzmöglichkeiten. Das in diesem Buch verwendete Messer ist das Schweizer Offiziersmesser »Tinker« von Victorinox. Es ist relativ preiswert und erfüllt draußen wie drinnen die unterschiedlichsten Zwecke.

Zu den Funktionen zählen:

- große Messerklinge
- kleine Messerklinge
- Phillips-Schraubenzieher
- großer Schraubenzieher
- kleiner Schraubenzieher
- Kapselheber
- Pinzette
- Dosenöffner
- Abisolierer
- Ahle
- Kunststoff-Zahnstocher

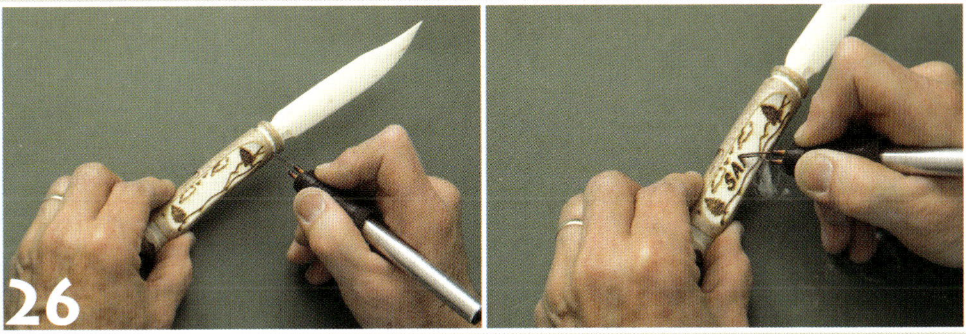

Mit dem Brandmalkolben können Sie eine Szene oder einen Namenszug in den Griff einbrennen. Die Variationsmöglichkeiten sind hier nahezu unendlich.

Kleiner Tip: Folienverpackte Fertiggerichte verbrennen im Lagerfeuer nicht, wenn Sie einige Eiswürfel mit hineingeben.

Mit Permanentmarkern bringen Sie Farbe ins Spiel.

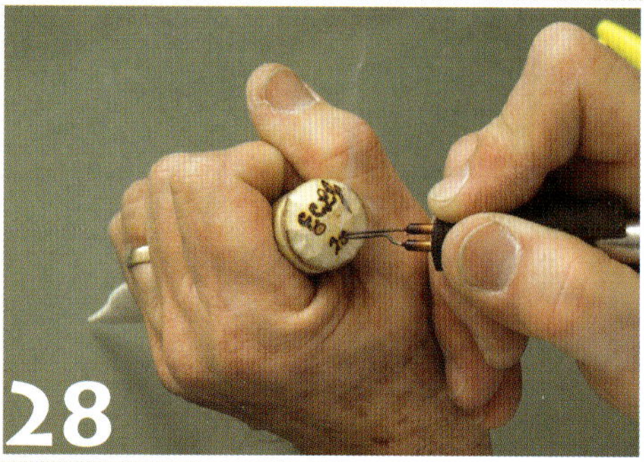

Signieren und datieren Sie Ihre Stücke.

Fertig! ... Na ja, fast. Ist das Messer fertig, bringe ich ganzflächig ein Finish auf. Das kann Polyurethan sein oder klare Acrylfarbe. Polyurethan-Finish ist härter und Acrylfarben trocknen schneller. Sie haben die Wahl. Das Finish hält das Messer sauberer, insbesondere wenn es benutzt wird. Und es gibt wirklich keinen Grund, es nicht zu tun!

Eine ganze Palette fertiger Messer und Brieföffner. Betrachten Sie die unterschiedlichen Griffe, von denen viele Aststellen haben. Den kleinen Brieföffner mit dem Herz auf dem Griff habe ich meiner Frau einmal zum Valentinstag geschnitzt.

Spatel

Material:

- Messer
- Geradfaseriges Holz Ihrer Wahl
- Schleifpapier – unterschiedliche Körnungen von fein bis sehr fein (Körnung 150 und 220 sind in Ordnung)
- Polyurethan oder anderes klares Finish (wahlweise)

Zu Hause oder unterwegs ist dieser Spatel die bessere Alternative zum Messer und insbesondere zu einem Küchengerät aus Kunststoff, wenn Sie Ihre Leibspeise mit einer Sauce oder einem Aufstrich krönen wollen. Gestalten Sie Griff und Klinge speziell für Marmelade oder Gelee für Ihren Frühstückstoast, für Erdnußbutter für Ihre Brote, für Sahnefrischkäse für Ihre Bagels oder für Senf für Ihre Würstchen. Sie benötigen lediglich ein Stückchen Holz oder einen kleinen Ast und Ihr praktisches Taschenmesser, und in nur wenigen Minuten kommen Sie zu einem Super-Spatel.

Beim Schnitzen eines Spatels sind die meisten Schritte fast identisch mit denen des Messerschnitzens. Anders ist nur das Formen des Klingen- oder »Spachtel«-Teils des Spatels. Sie müssen darauf achten, daß der Griff gut in der Hand liegt und Sie die Klinge passend zum Aufstrich arbeiten.

Einige Spatelmodelle und fünf Rohlinge.

Ich habe mich für den größten der Rohlinge entschieden, einen kleinen Ahornzweig.

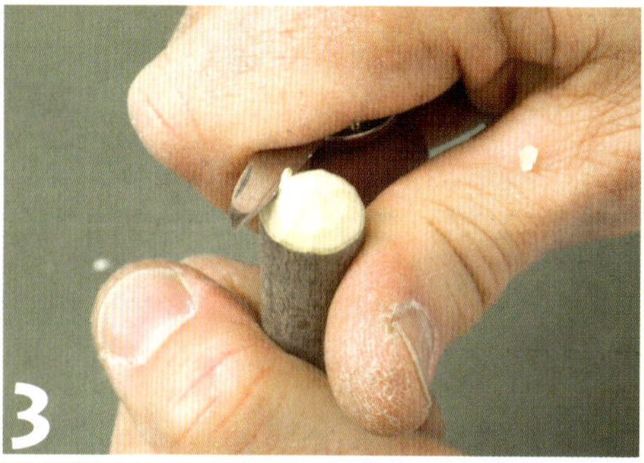

Runden Sie das untere Griffende ab.

Grossmutters Senfrezept

Ohne die Saucen zur Krönung einer klassischen Grillwurst, eines Burgers vom Holzkohlengrill oder eines Frühstückstoasts wäre die Campingküche ziemlich fad. Und hier kann Ihr Spatel zum Einsatz kommen.

Zutaten:

- ½ Tasse weißen Essig
- ½ Tasse Senfmehl
- ¼ Tasse Wasser
- ¾ Tasse braunen Zucker
- 2 verquirlte Eier

Essig und Senf im Topf mischen. Die übrigen Zutaten einrühren und auf kleiner Flamme unter ständigem Rühren langsam zum Kochen bringen. Etwa 10 Minuten unter ständigem Rühren weitergaren, bis die Masse dicklich ist. Bis zum Aufbruch zur Wanderung im Kühlschrank aufbewahren.

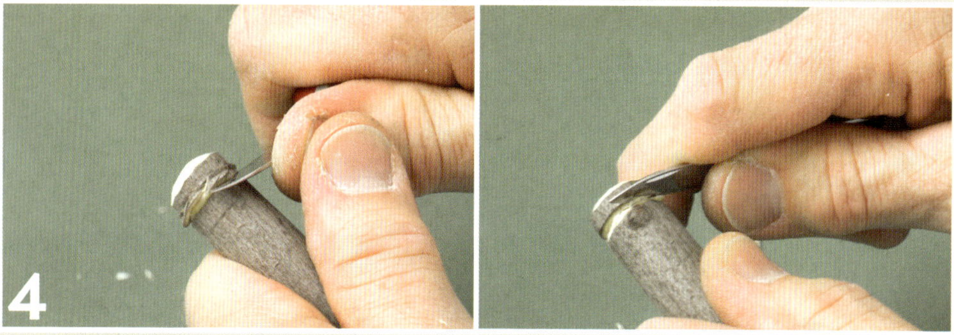

Schneiden Sie eine kleine V-förmige Rille um das Griffende.

Schneiden Sie weiter unten, etwas oberhalb der Stelle, an der die Spatelklinge beginnen soll, eine weitere Rille in den Griff.

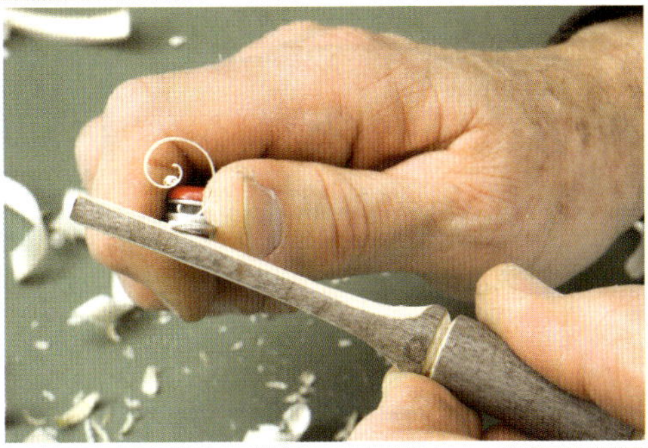

Flachen Sie die Spatelklinge beidseitig ab.

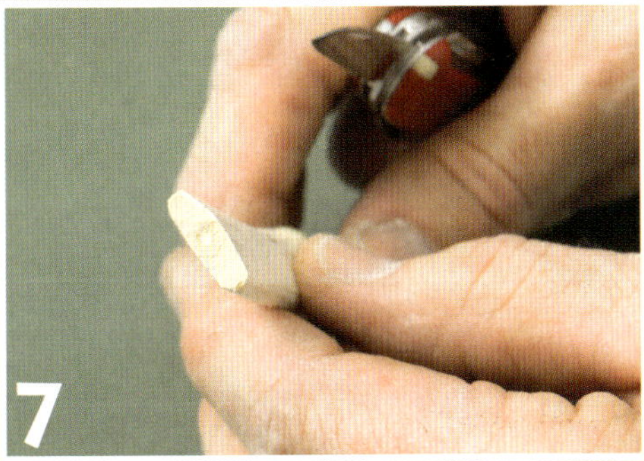

So sieht der Spatel von unten aus.

Mayonnaise mit sonnengetrockneten Tomaten

Wenn Sie bei Ihrer nächsten Wanderung einen Burger essen, probieren Sie anstelle von Ketchup doch einmal diese köstliche Mayonnaise. Mit dem richtigen Spatel läßt sie sich leicht aufstreichen.

Verrühren Sie:

- ½ Tasse Mayonnaise
- 2 Teelöffel gehackte, sonnengetrocknete Tomaten
- 1 Teelöffel italienische Kräutermischung
- 1 Teelöffel Zitronensaft (am besten frisch gepreßt)
- 1 Teelöffel Zucker
- gehackten Knoblauch (viel oder wenig nach Belieben)

Kleiner Tip: Getränke ohne Kohlensäure in Flaschen eingefroren bringen zusätzliche Kühlung in Ihre Kühltasche.

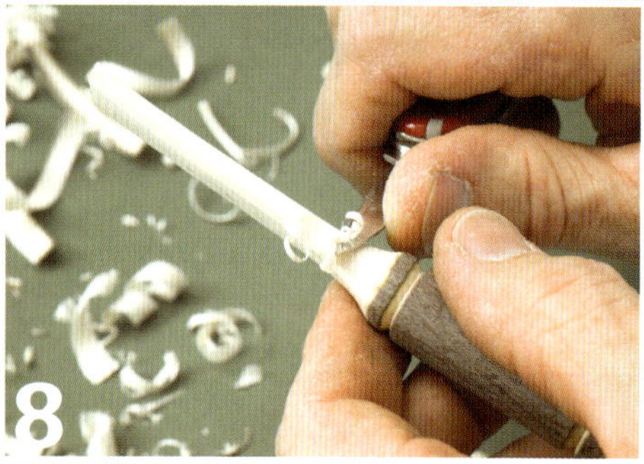

Verschmälern Sie den Spatelhals, also den Teil zwischen Griff und Klinge, indem Sie mit der Technik des ziehenden Schneidens und des Schneidens mit Daumen-Anpreßdruck immer zur Mitte hin schneiden.

Runden Sie das Klingenende leicht ab.

So weit ist der Spatel bisher gediehen.

Schneiden Sie zwischen Hals und Griff eine weitere schmale V-förmige Rille.

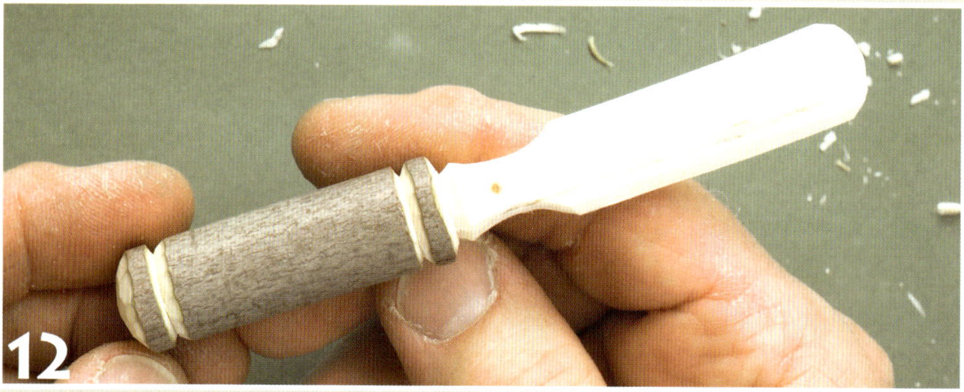

Bis auf das Schleifen und die Oberflächenbehandlung ist der Spatel fertig. Wie das Messer glätten Sie auch den Spatel. Dazu reicht schon ein winziges Schleifpapierstückchen. Ich trage auf meine Spatel kein Finish auf, denn nach meiner Meinung sollte Küchen- und Serviergerät am besten unbehandelt bleiben. Sollten Sie solche Teile indes behandeln wollen, so empfehle ich ein Finish, wie man es für Salatschüsseln verwendet. Es hat keine giftigen Bestandteile und macht das Holz schön glänzend. Bei Verwendung eines solchen Finishs lassen Sie das Teil 24 Stunden trocknen, damit eventuelle Chemikalien ausdünsten.

LÖFFEL

MATERIAL:

- Messer
- Geradfaseriges Holz Ihrer Wahl
- Schleifpapier – unterschiedliche Körnungen von fein bis sehr fein (Körnung 150 und 220 sind in Ordnung)
- Polyurethan oder anderes klares Finish (wahlweise)
- Bleistift, Kugelschreiber oder Marker
- Rotationswerkzeug (wahlweise)

Es stimmt, daß Not erfinderisch macht. Ich entwickelte dieses Schnitzprojekt, als ich auf einer Handwerkermesse mein Mittagessen zu mir nehmen wollte. Als ich das von meiner Frau Sheri sorgfältig gepackte Lunchpaket öffnete, war ich etwas ratlos, wie ich meinen Joghurt ohne Löffel essen sollte. (Gutes Essen war vorhanden, gutes Besteck allerdings nicht.) Es mit meinem superscharfen Taschenmesser zu essen, schien mir nicht die reizvollste Lösung zu sein, und so benutzte ich dieses, um mir aus einem etwa 15 cm langen Ast einen passablen Löffel zu schnitzen. Meinen Joghurt habe ich richtig genossen, und den Löffel habe ich immer noch in einer kleinen Kiste, die ich ständig dabei habe; er wartet auf eine weitere Gelegenheit, mir in löffelloser Situation aus der Patsche zu helfen.

Es gibt enorm viele Stilrichtungen, Formen und Größen bei Löffeln. Einige Beispiele sind am Ende dieses Kapitels abgebildet. Die Miniaturlöffel erinnern mich an Salzschüppchen von früher, mit denen man Salz aus einem Salzfäßchen schaufelte. Die Löffelgröße hängt natürlich von der Größe Ihres Rohlings ab. Möglich ist sowohl ein kleiner Senf- als auch ein Riesenrührlöffel für den Zeltlagerkoch. Der Löffel unseres Projektes ist recht einfach zu machen, hat in etwa Teelöffelgröße und ist ganz praktisch, nicht nur für Joghurt.

Suchen Sie sich einen geraden, astfreien Ast, der etwas länger als die gewünschte Löffellänge ist.

Der Durchmesser dieses Birkenasts entspricht etwa dem eines Vierteldollars.

Flachen Sie eine Seite des Zweigs auf der ganzen Länge mit langen, kräftigen Schnitten ab. Diese Seite wird zur Löffeloberseite.

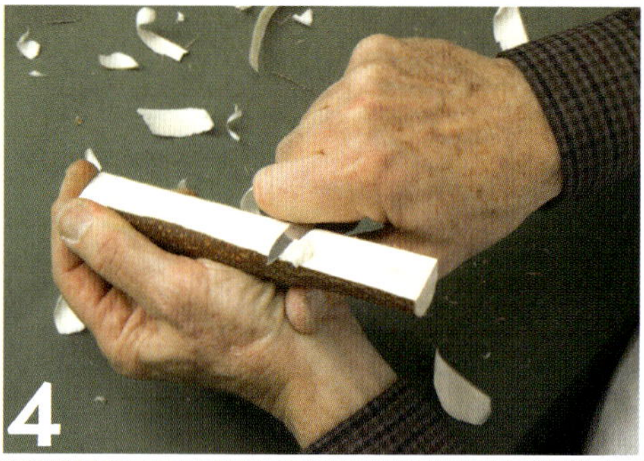

Manche Schnitzer schneiden gerne ziehend.

Flachen Sie die Griffunterkante mit einem leicht ausschaufelnden Schnitt ab, und belassen Sie das andere Ende breit, um daraus die Laffe arbeiten zu können.

Zeichnen Sie die Grundform des Löffels auf.

Formen Sie den Griff. Vergessen Sie nicht, bei gerundeten oder ausschaufelnden Schnitten immer zur Astmitte hin zu schnitzen. Schneiden Sie von der Mitte aus, besteht die Gefahr, daß Sie das Holz dort, wo Sie es nicht möchten, aufspalten.

Fahren Sie fort, den Griff Schritt für Schritt auszuformen. Hier ist die Unterseite abgebildet.

Entfernen Sie die Rinde vom Laffenteil des Astes.

So weit ist der Löffel bisher gediehen.

Bestimmte Dinge gehören einfach zusammen

Zum Schnitzen auf der Veranda gehört unbedingt ein großes Glas gekühlte Zitronenlimonade. Unser Rezept ist ein Klassiker:

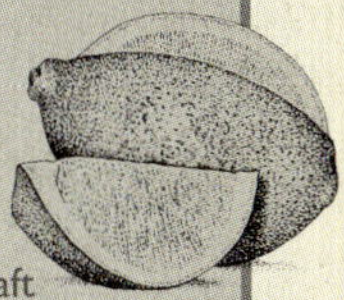

Zutaten:
- 2 Teelöffel Zitronenschale
- 2 Tassen Zucker
- ½ Tasse Wasser
- 1 Tasse frisch gepreßten Zitronensaft (von 6 Zitronen)

Zitronenschale, Zucker und Wasser zum Kochen bringen und 30 Sekunden weiterkochen. Von der Kochstelle nehmen und den Zitronensaft dazugeben. Auf Zimmertemperatur abkühlen lassen und in den Kühlschrank stellen.
Ein Glas mit Eis füllen, ¼ Tasse Sirup darüber gießen und mit kaltem Wasser auffüllen. Variation: Anstelle von Wasser können Sie auch Soda oder Selters verwenden. Dann sprudelt die Limonade. Nach Belieben mit einer Zitronenscheibe oder einem Minzzweig garnieren.

Übrigens: Der Waccasassa-Bay Preserve State Park in Florida schützt zahlreiche seltene und bedrohte Arten.

Schneiden Sie beim Formen der Löffellaffe entlang der vorgezeichneten Linien.

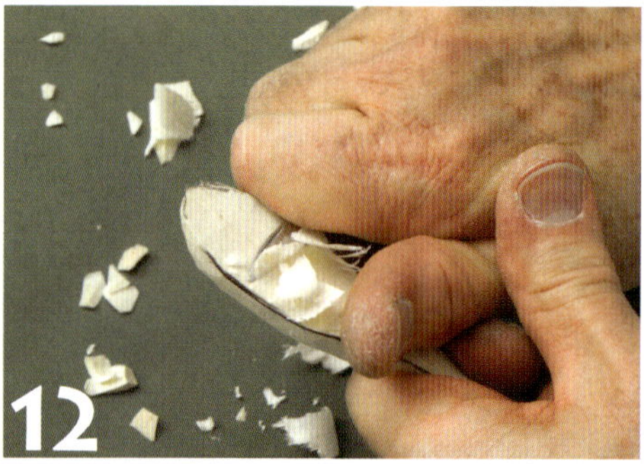

Vertiefen Sie die Laffe mit leicht konkaver Krümmung etwas.

So weit, so gut.

Schleifen Sie den gesamten Löffel mit feinem Schleifpapier. Bislang ist die Laffe Ihres Löffels noch nicht ausgehöhlt.

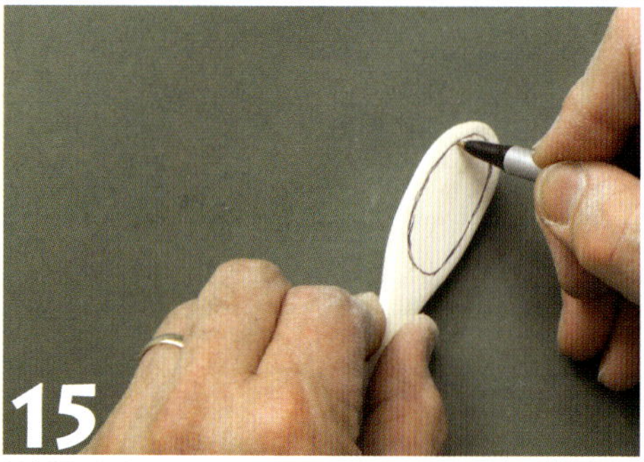

Zeichnen Sie den Innenrand der Laffe auf.

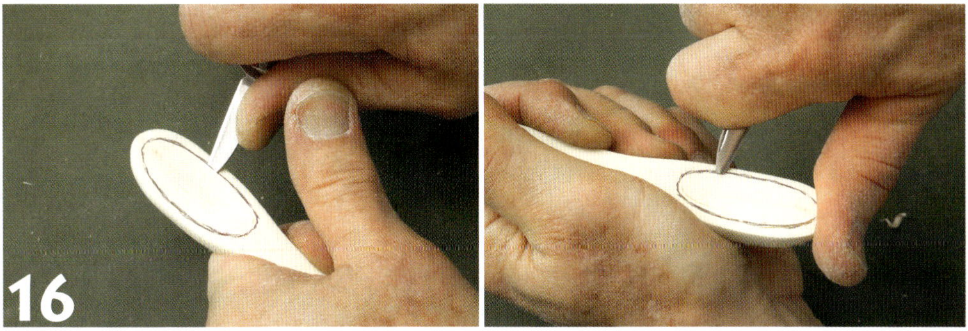

16

Schneiden Sie mit der Spitze der kleinen Klinge sehr vorsichtig um die eingezeichnete Linie nach innen. Sie können sowohl mit Druck als auch ziehend schneiden. Höchstwahrscheinlich wenden Sie beide Techniken an. Entscheiden Sie sich für die Technik, die für Sie komfortabler und an einem bestimmten Punkt beim »Herumarbeiten« um die Laffeninnenseite leichter zu steuern ist. Seien Sie sehr vorsichtig, damit die Klinge nicht nach außen rutscht und den Außenrand durchschneidet.

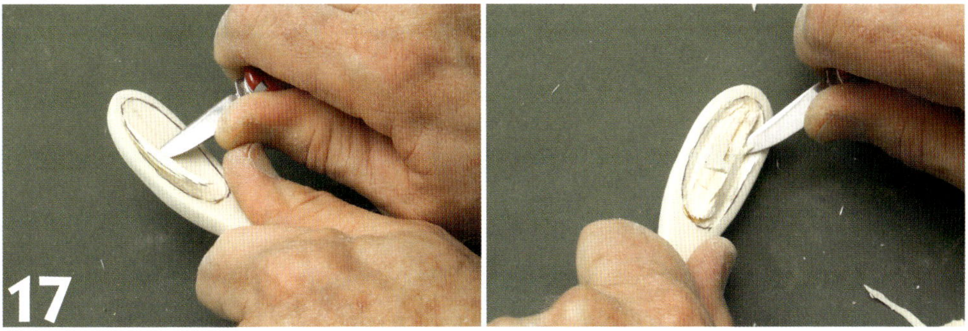

17

Machen Sie zahlreiche V-förmige Schnitte, und höhlen Sie die Laffe so weit wie möglich aus. Bei dieser Technik wird die Laffe innen recht rauh.

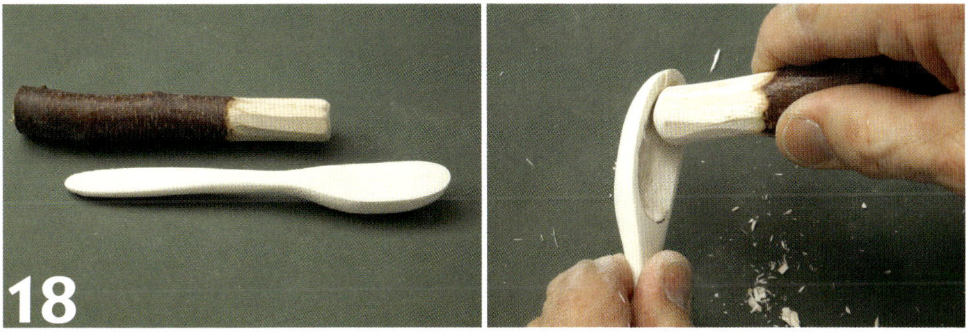

18

Schnitzen Sie sich zum Schleifen der Laffe ein Werkzeug, für das Sie das Ende eines Astes entsprechend der Laffenform runden.

Kleiner Tip: Campinggeschirr setzt keinen Ruß an, wenn Sie die Topfaußenseite mit Seife einreiben.

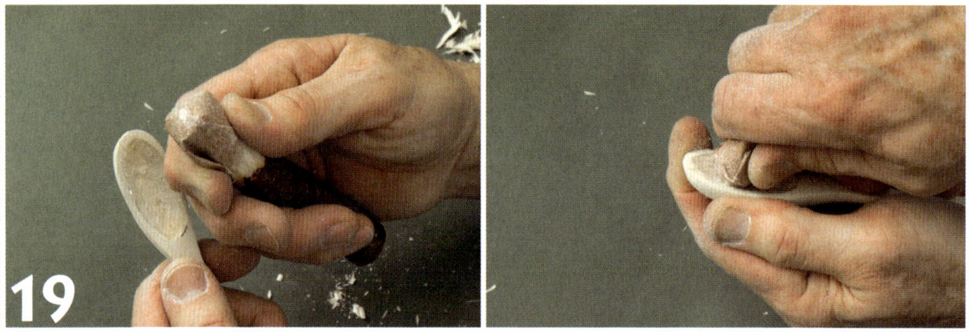

Wickeln Sie etwas Schleifpapier um das Stöckchenende, und schleifen Sie das Laffeninnere.

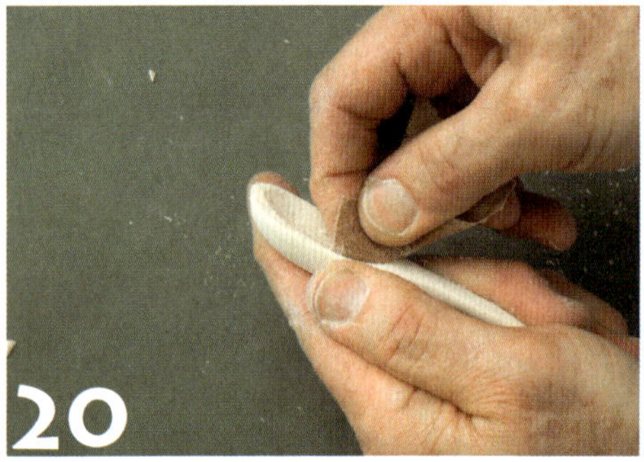

Es gibt wahrscheinlich kein praktischeres Werkzeug für den Feinschliff als ein zwischen Daumen und Zeigefinger gehaltenes Schleifpapierstückchen.

Mit einem Rotationswerkzeug können Sie das Aushöhlen der Laffe natürlich beschleunigen. Gleichwohl ist es nach meiner Meinung befriedigender, auf die primitive Art ohne Spitzentechnologie zu arbeiten.

Um den fertigen Löffel im Einsatz zu zeigen, lieh ich mir bei Fox Chapel den Pfefferstreuer aus. Uns gefiel der Kontrast zwischen dunklem Pfeffer und hellem Löffel. Nachdem wir dieses Foto aufgenommen hatten, bot ich meiner Lektorin Gretchen Bacon einen Dollar, wenn sie den Pfeffer essen würde, doch sie lehnte dankend ab. Es gibt doch tatsächlich Leute, die den Wert eines Dollars nicht zu schätzen wissen!

Spiess

Material:

- Messer
- Geradfaseriges Holz Ihrer Wahl
- Schleifpapier – unterschiedliche Körnungen von fein bis sehr fein (Körnung 150 und 220 sind in Ordnung)
- Polyurethan oder anderes klares Finish (wahlweise)

Spieße gibt es in allen Längen und Stärken, je nachdem für welchen Zweck sie gedacht sind. Sie können ein Spießchen für eine einzelne Olive fertigen oder einen 180 cm langen Spieß, der durchaus als regelrechter Speer dienen kann. Aber Vorsicht mit beiden Größen! Was das Design und den Stil angeht, haben Sie von supereinfach (nur Griff und Spitze) bis reichverziert (kompliziert geschnitzter Griff und phantasievoller Stiel zwischen Griff und Spitze) alle Möglichkeiten. Der Griff unseres Modells ist mit einem Gockelkopf verziert, um ihn etwas individueller zu gestalten; Sie können bei den »Zierköpfen« indes eigene Kreationen entwickeln. Schnitzkünstlern unter 13 Jahren, die sich an diesem Projekt versuchen, sei hier eindringlich gesagt, daß dieser Spieß (oder jede Kopie desgleichen) *nicht* dazu gedacht ist, Bruder oder Schwester zu malträtieren. Wohlgemerkt: *Geschwister aufspießen verboten!*

Wir beginnen mit einem kleinen geraden, relativ astfreien Ast mit dünnem Mark.

Ein Lagerfeuer-Klassiker:

Würstchen oder Hot Dogs auf offener Flamme grillen

Mit einem längeren und etwas dickeren Stock als dem hier beschriebenen kann man toll Würstchen grillen. Ist Ihr Spieß fertig geschnitzt, nehmen Sie sich ein Würstchen und lassen Ihre neueste Kreation zum Einsatz kommen. Auf offener Flamme gegrillte Würstchen sollten einen Naturdarm haben. Am besten schmecken sie ein ganz kleines bißchen angebrannt …

Flachen Sie den Ast an einem Ende auf zwei Seiten bis kurz vor eventuellem Mark ab, so als würden Sie die Spitze eines Schraubendrehers formen.

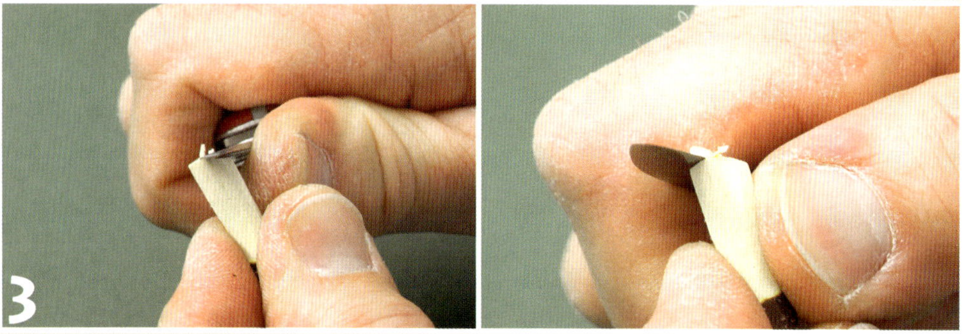

Nachdem Sie die beiden kleinen auf der »Schraubendreherspitze« verbliebenen Rindenstreifen entfernt haben, runden Sie die Spitze etwas ab, damit der Hahnenkamm eine leichte Krümmung bekommt. Anmerkung: Schneiden Sie stets zur Astmitte hin, so daß sich die Schnitte in der Mitte treffen. Auf diese Weise verringern Sie die Gefahr, daß die Kante reißt.

So sollte das Werkstück nun aussehen. Das etwas höhere Bogenende ist die hintere Hahnenkammspitze und das niedrigere Ende (an meinem Daumen) ist die vordere Hahnenkammspitze.

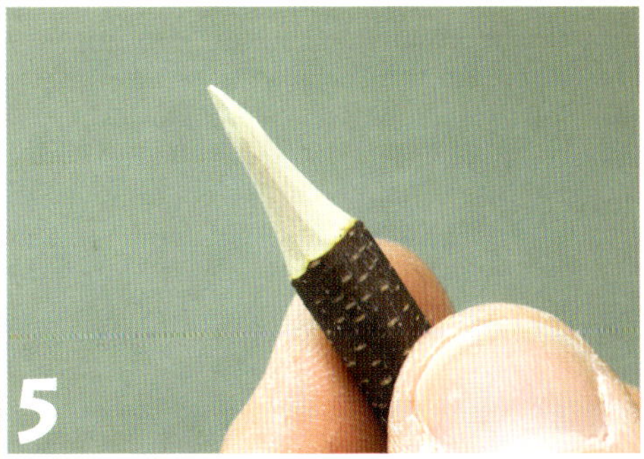

Lassen Sie die beiden Seiten der gekrümmten »Schraubendreherspitze« konisch zulaufen. Hier eine Ansicht von vorn.

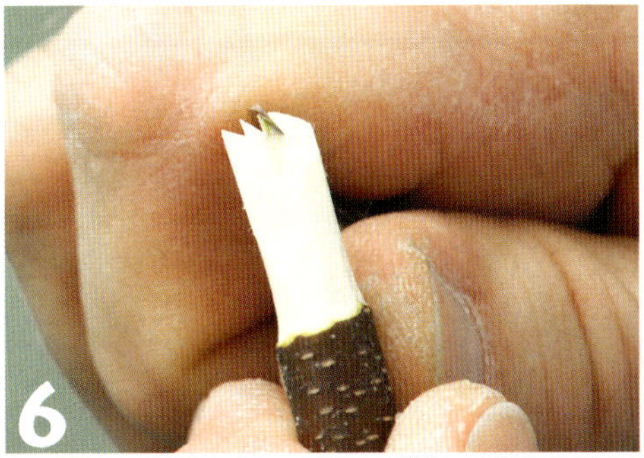

Kerben Sie den Kamm von hinten nach vorne sägezahnartig ein.

Eine Luxus-Ausführung des klassischen Hot Dogs gefällig?

Man nehme etwas Käse, Schinken, einige Zahnstocher und den neuen Spieß oder Schraubendreher…

Das Würstchen der Länge nach nicht ganz durchschneiden. Käsestreifen in den Schlitz füllen, das Ganze mit einer Schinkenscheibe umwickeln und mit Zahnstochern feststecken. Auf offener Flamme grillen, bis der Schinken kross und das Würstchen durch und durch heiß ist.

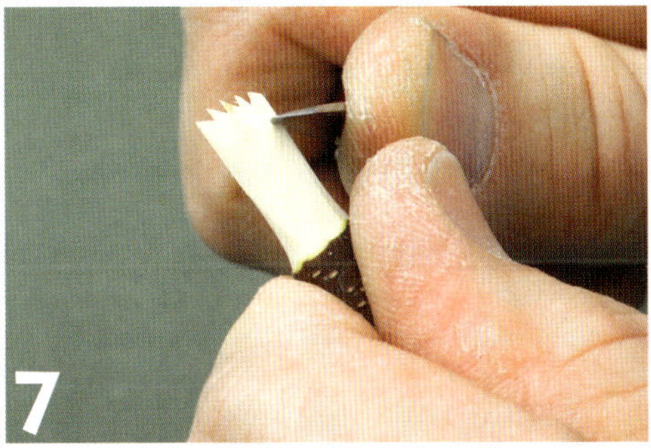

Beim Formen der vorderen Hahnenkammspitze und des Schnabelrückens schneiden Sie von vorne nach innen ein. Bei diesem Schnitt manipuliere ich das Holz in das Messer, statt das Messer in das Holz zu drücken. Ich meine, so hat man alles besser unter Kontrolle, und man schneidet die bereits geschnitzten Kammspitzen nicht ab.

Kleiner Tip: Kissen vergessen? Pumpen Sie einen großen Reißverschluß-Plastikbeutel mit Luft auf.

8

Formen Sie die hintere Kammspitze und den Hinterkopf des Hahns sehr sorgfältig. Schnitzen Sie dazu von oben sowohl mit einem abwärts als auch einem nach innen gerichteten Schnitt sowie von unten sowohl mit einem aufwärts als auch einem nach innen gerichteten Schnitt. Versuchen Sie nicht, das unsymmetrische V in nur zwei Schnitten auszuschneiden. Führen Sie kleine und sukzessive Schnitte aus, bis die gewünschte Tiefe erreicht ist. Ich lasse den Schnabel auch seitlich zu einer Spitze konisch zulaufen.

Wie kam der Hot Dog zu seinem Namen?

Der Begriff »Hot Dog« wurde erstmalig im Jahre 1901 von Tad Dorgan geprägt, einem Sport-Karikaturisten, der sich im bekannten New Yorker *Polo Grounds*-Stadion ein Baseball-Spiel ansah. An diesem Tag verkauften die Würstchenverkäufer heiße Würstchen in Brötchen und riefen: »Kaufen Sie Dachshund-Würstchen, solange sie heiß sind!« (in der englischen Sprache wird der Dackel »Dachshund« und dieser wiederum »Sausage Dog« genannt, weil er die Form eines Würstchens hat). Dorgan setzte sich auf die Pressetribüne und karikierte diese Szene. Da er allerdings nicht wußte, wie man »Sausage Dogs« schreibt, sprach er einfach nur von »Hot Dogs«.

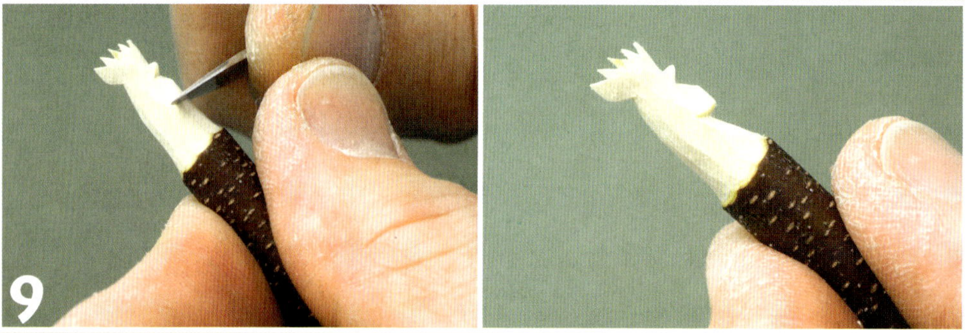

9

Um den Schnabel und die Kehllappen zu formen, schneiden Sie zwei V-förmige Schnitte, von denen der eine die Schnabelunterseite und die Kehllappenoberseite bildet, und der andere die Kehllappenunterseite und die Halsvorderseite. Nun ähneln die Kehllappen einer Karikatur des Detektivs Dick Tracy (der Comicheld mit dem quadratischen Kiefer).

10

Schneiden Sie die Ecken ab, und formen Sie die Kehllappen etwa wie eine auf dem Kopf stehende Herzhälfte.

Sie mögen keine Hot Dogs?

Sie können auch noch andere Köstlichkeiten auf Ihrem neuen Spieß braten:

Burger-Spieß

- 1 ½ Pfund Hackfleisch
- 1 Ei
- ¼ Tasse Brösel

Hackfleisch, Ei und Brösel vermengen. Daraus kleine Würstchen formen und auf den (sauberen) Spieß drücken. Auf offener Flamme grillen, bis das Fleisch gar ist. Mit Ketchup auf einem Hot-Dog-Brötchen servieren.

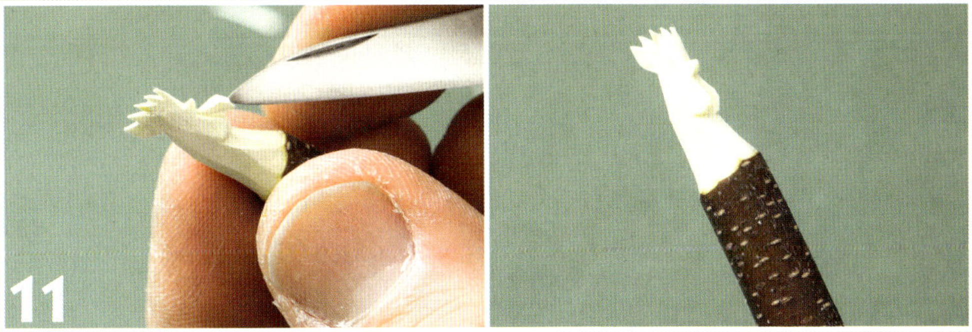

Trennen Sie die Kehllappen durch eine sehr schmale V-förmige Rille.

Schneiden Sie am unteren Ende des Griffs einige V-förmige Rillen als umlaufende Ringe.

Wurst-Spieß

(Auch ideal zum Frühstück.)

- 1 vorgekochte geräucherte Wurst
- 1 Baguettebrötchen zum Aufbacken

Wurst aufspießen und mit dem Brotteig umwickeln. Die Enden zusammendrücken. Langsam über dem Feuer drehen, bis das Brot gebräunt ist. Senf nicht vergessen.

Einfaches Kebab

Pilze, Möhren, Tomaten oder Paprikaschoten in Stücke schneiden und abwechselnd mit Schweinefleisch-, Wurst- oder Schinkenstückchen aufspießen. Machen Sie den Spieß nicht zu schwer, denn Sie müssen ihn über die glühende Kohle halten. Gelegentlich umdrehen und genießen, wenn das Fleisch kroß und goldbraun ist.

Kleiner Tip: Dünne Pappteller am besten auf Frisbee-Scheiben stellen, so verderben sie Ihnen nicht den Spaß am Gartenfest.

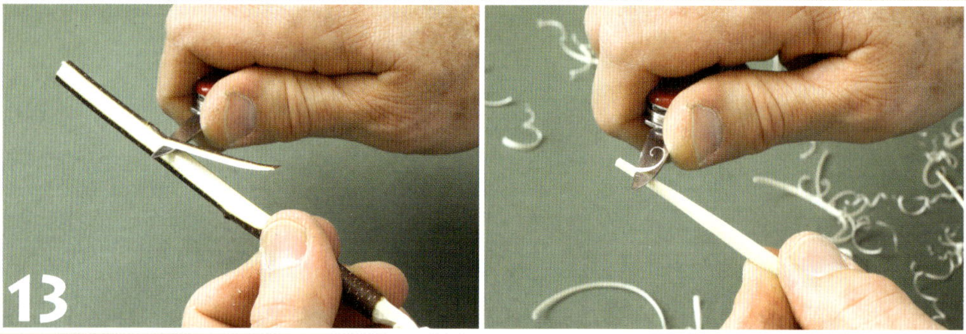

Bearbeiten Sie den Spieß so, daß er sich zu einer Spitze verjüngt.

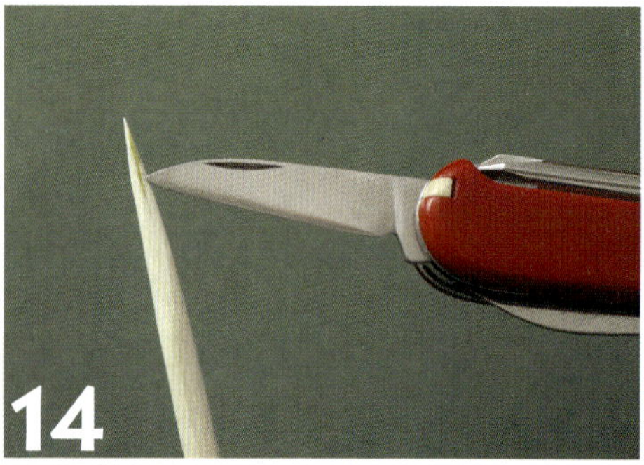

Beim Formen der Verjüngung müssen Sie darauf achten, daß sich an der äußersten Spitze kein Mark befindet. Falls dem so sein sollte, müssen Sie die Spießspitze etwas außermittig machen.

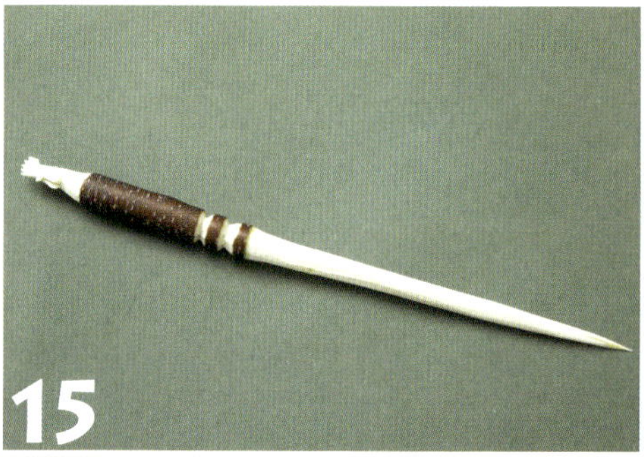

Fertig zum Aufspießen! Aber, liebe Kinder: bitte nicht Eure Geschwister!

Wie Sie dieses Schnitzprojekt vergrößern

Verändern Sie die Größe des Spießes, um unterschiedliche Werkzeuge für unterschiedliche Zwecke zu erhalten. Verwenden Sie einen großen Ast, um daraus einen Speer zu fertigen, einen Ast mittlerer Größe, um einen Pflock oder Bratspieß zu machen, und kleinere Äste für Zeltheringe und noch kleinere für Zahnstocher. Sind Sie richtig gut, können Sie versuchen, eine Nadel anzufertigen; schneiden Sie dann statt eines Öhrs einen Schlitz in den Kopf. Wollen Sie einen Kebab-Spieß haben, formen Sie ihn flacher, damit sich die aufgespießten Speisehäppchen beim Drehen nicht lösen und herunterfallen.

Für einen rustikalen Bratspieß benötigen Sie einen ca. 90 cm langen Ast. Spitzen Sie die Enden zweier Astgabelzweige an, stecken Sie diese so in den Boden Ihrer Feuerstelle, daß der Spieß weit genug vom Feuer entfernt ist. Spießen Sie Ihr Fleisch mittig zwischen den beiden Astgabelzweigen auf. Drehen Sie den Spieß in regelmäßigen Abständen langsam um. Je nach Größe des Fleischstücks kann die Garzeit mehrere Stunden betragen.

Gabel

Messer

- Messer
- Geradfaseriges Holz Ihrer Wahl
- Schleifpapier – unterschiedliche Körnungen von fein bis sehr fein (Körnung 150 und 220 sind in Ordnung)
- Polyurethan oder anderes klares Finish (wahlweise)
- Bleistift, Kugelschreiber oder Marker

Gabeln gibt es in allen erdenklichen Größen. Man kann damit essen, etwas »aufgabeln« und vieles Eßbare wie Marshmallows und Hot Dogs grillen. Meine Gabelmodelle bestehen aus den drei Grundkomponenten Griff, Stiel und Zinken. Ich arbeite stets zwei Zinken, gleichwohl verletzt man sicherlich keine Regel, wenn man drei oder vier Zinken formt.

Es wird zwar viel darüber diskutiert, dennoch bin ich der Meinung, daß sich Holzgabeln besser zum Campen eignen als Gabeln aus Metall, weil man sich beim langen Halten über dem Feuer nicht verbrennt. Auch sollten Sie beim Grillen von etwas Schwerem oder Glitschigem anstelle eines Spießes eine Gabel benutzen, da das Essen von einer Gabel nicht so leicht abrutscht wie von einem Spieß.

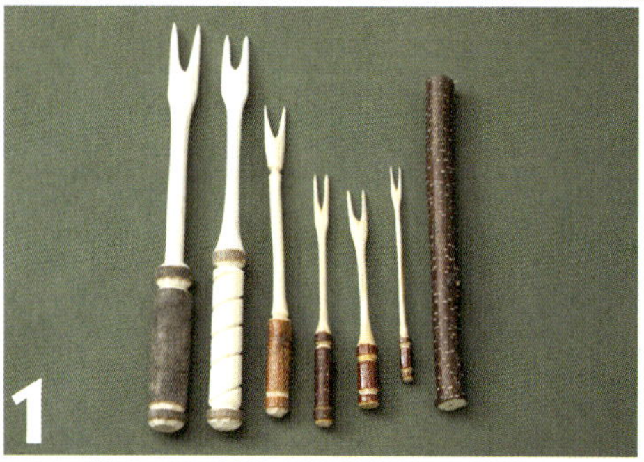

Neben den Größenvarianten gibt es hauptsächlich Unterschiede an Griff und Stiel.

Das ist unser Rohling in der Ausgangssituation. Die kleine Aststelle ist nicht so problematisch, da sie in der umlaufenden V-förmigen Rille am Griffende verschwindet.

Schneiden Sie eine V-förmige Rille zur Abgrenzung des Griffs.

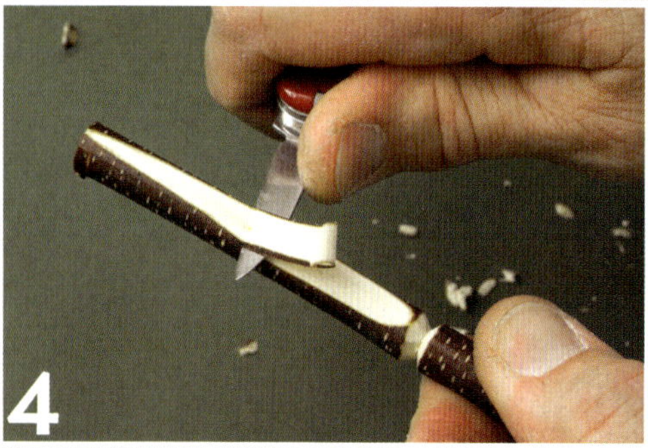

Flächen Sie den Ast auf beiden Seiten an. Entfernen Sie aber nicht zu viel Holz, denn der Stiel muß stabil genug sein, um ihn später noch runden zu können.

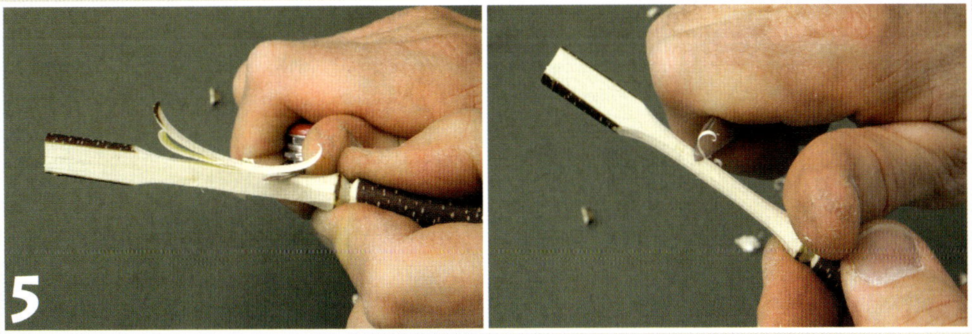

Formen Sie den Gabelstiel, indem Sie von beiden Enden (Richtung Mitte) schneiden. Belassen Sie am Ende ein kleines breites »Paddel«. Runden Sie den Stiel.

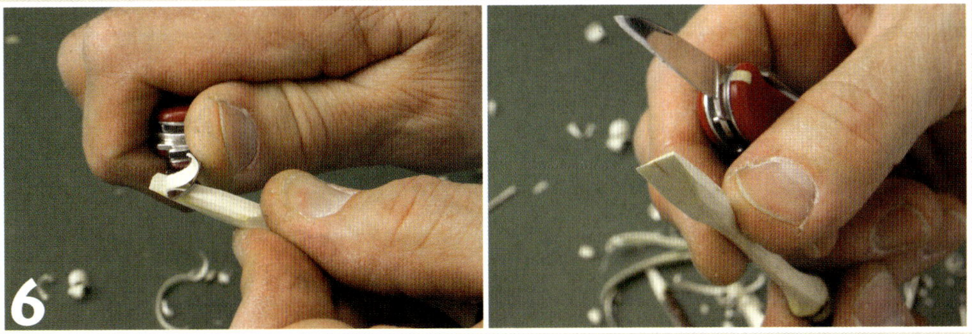

Entfernen Sie von den Kanten des »Paddels« die Rinde, und lassen Sie es in Form einer recht scharfkantigen Schraubendreherspitze konisch zulaufen.

Taschen

Camping ohne gefüllte Kekstaschen ist kein Camping und zum Grillen unserer Marshmallows (in Deutschland auch bekannt als »Mäusespeck«) gibt es nichts besseres als eine lange Version unserer Gabel. Um ein wenig Abwechslung in das Rezept für die Gartenparty zu bringen, versuchen Sie doch einmal unser Rezept mit Erdnußbutter oder einer Bananenscheibe. Oder nehmen Sie statt normaler (leckerer) Schokolade ein Pfefferminztäfelchen. Wollen Sie nicht so viele Zutaten zum Campen mitnehmen, bieten Ihnen Kekse mit Schokofüllung beides, nämlich Schokolade und Keks.

Zutaten:

- Vollkornkekse
- Tafel Schokolade
- Marshmallows
- Erdnußbutter
- Banane (nach Belieben)

Ein Stück Schokolade auf den Vollkornkeks legen und mit Erdnußbutter bestreichen. Darauf die Marshmallows legen und mit einem zweiten Vollkornkeks bedecken. In Alufolie wickeln und das Aromapotpourri verschmelzen lassen. Mit einer Bananenscheibe krönen Sie dieses Rezept zur Super-Luxusausführung.

Kleiner Tip: Streichhölzer bleiben trocken, wenn Sie sie in Wachs oder Nagellack tauchen. Wie normale Streichhölzer benutzen.

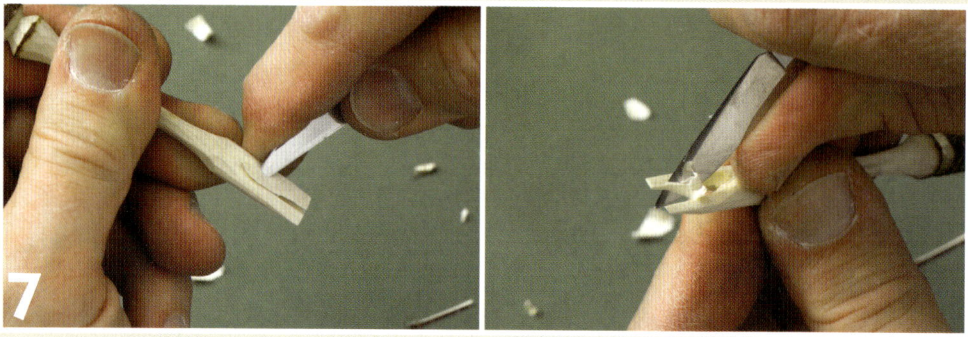

Die beiden Zinken formen Sie, indem Sie den V-förmigen Keil aus ihrer Mitte entfernen. Sehen Sie, in welche Richtung ich schneide. Die Schnitte verlaufen immer in Richtung Zinkenspitze, mit anderen Worten: Von der Spitze des Vs zur breiten Öffnung. Das ist nicht schwer, wenn Sie nur mit der Klingenspitze schneiden.

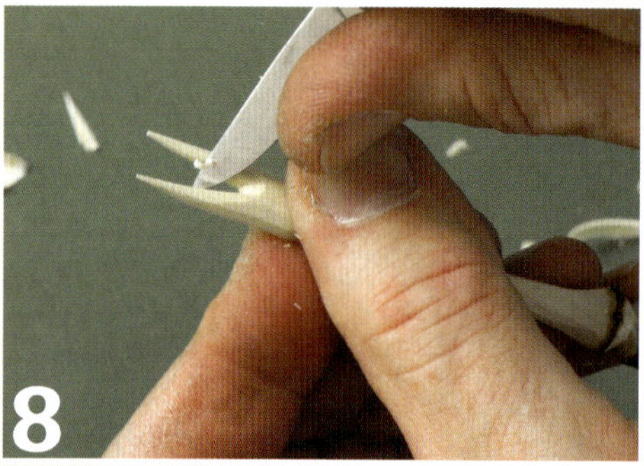

Nacharbeit an den Zinken.

Die Geschichte des Marshmallows

Marshmallows stammen aus dem Alten Ägypten. Sie wurden aus Honig und dem Wurzelsaft des Echten Eibischs oder der Althee gemacht. Echter Eibisch oder Althee gedeihen in Salzsümpfen und an großen stehenden Gewässern. Seit dem 19. Jahrhundert werden Marshmallows nicht mehr aus Eibisch hergestellt, sondern aus Gelatine, Zucker und Aromen.

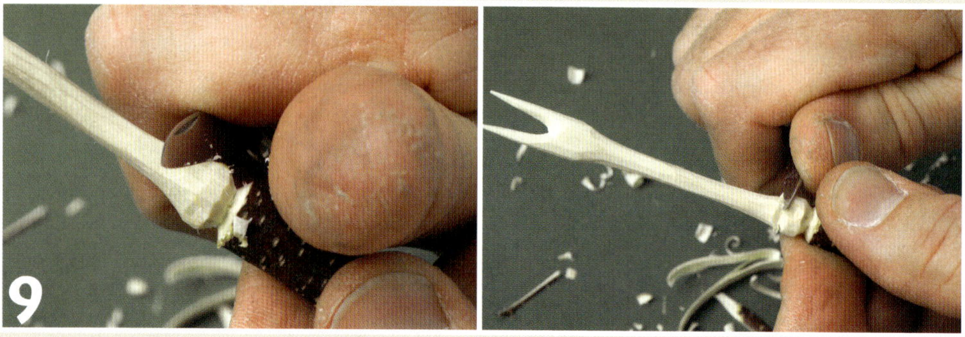

Den Bereich zwischen Griff und Stiel dürfen Sie ruhig etwas üppiger verzieren.

10

Das gilt auch für den Bereich zwischen den Zinken und dem Stiel.

Noch ein tolles Rezept:

Bananen-Boot

- 1 Banane
- Raspelschokolade
- Kleine Marshmallows
- Alufolie

Einen Streifen der Bananenschale abziehen, aber nicht abtrennen. Die Banane der Länge nach keilförmig einschneiden. Die Kerbe mit kleinen Marshmallows und Raspelschokolade füllen und die Schale wieder zuklappen. In Alufolie wickeln. Auf die Gabel spießen und über dem Feuer garen, bis die Schokoraspeln geschmolzen sind.

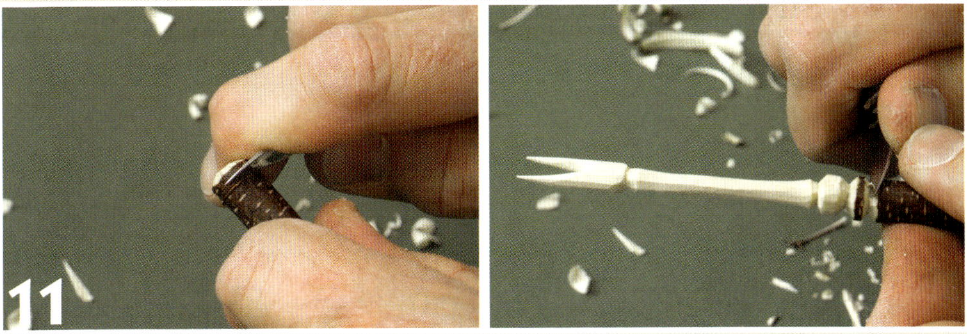

11

Warum dem Griff nicht auch ein bißchen mehr Pep geben?

Wie man ein Lagerfeuer macht

Eine wesentliche Voraussetzung, um Keks- und Toasttaschen grillen zu können, ist das Lagerfeuer. Nachfolgend beschreiben wir die beiden gebräuchlichsten Methoden, das Holz aufzustellen.

Wigwam-Form: Nasses wie trockenes Holz kann man wie ein Indianerzelt kegelförmig aufstellen. Das Holz in der Mitte anzünden.

Blockhaus-Form: Zuunterst zwei Holzstämme oder Äste parallel legen. Darauf rechtwinklig zwei weitere Holzstämme legen und übereinander mehrere Schichten jeweils rechtwinklig zueinander aufbauen. Zunder und Material zum Anzünden darunterlegen. Das Feuer am Boden anzünden.

Kleiner Tip: Steigt Lagerfeuerrauch nicht auf, dann gibt es Regen.

Zum Ausputzen und Härten der kleinen umlaufenden V-förmigen Rillen eignet sich ein selbst gemachter Holzkeil.

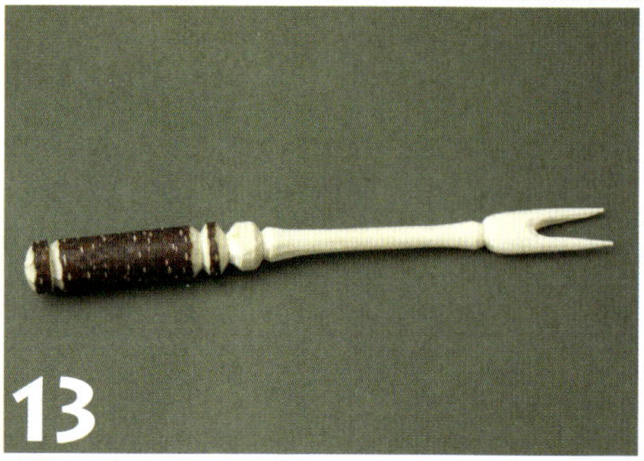

Fertig zum Aufspießen Ihrer Leibspeise

Wie man Feuer ohne Streichhölzer macht

Mit einer konvexen Linse: Voraussetzung für diese Methode ist genügend Sonne. Positionieren Sie die Linse so, daß die Sonnenstrahlen auf den Zunder gebündelt werden. Beginnt der Zunder zu schwelen, fächeln oder blasen Sie ihn an, bis er sich entzündet.

Mit einer Batterie: Hierzu benötigen Sie einen Draht oder Stahlwolle und eine Batterie mit zwei Polen. Bei Verwendung von Stahlwolle verbinden Sie die beiden Batteriepole mit Stahlwolle. Legen Sie den Zunder in die Mitte der Stahlwolle. Die Funken entzünden den Zunder.

Bei Verwendung von Draht befestigen Sie an jedem Pol einen Draht. Halten Sie die Drahtenden an den Zunder und drücken Sie sie zusammen. Die Funken entzünden den Zunder.

Mit Feuerstein und Stahl: Schlagen Sie mit einem Stück Kohlenstoffstahl auf einen harten, scharfen Stein. Verwenden Sie keinen rostfreien Stahl, da er nicht genug Funken produziert. Trifft der Funke auf den Zunder, fächeln oder blasen Sie den Zunder an, bis er sich entzündet.

Mit Bogen und Bohrer: Dazu benötigen Sie ein leicht biegbares Holzstück, einen Hartholzstock (Bohrer), ein Weichholzbrett, einen Stein oder ein Gewicht und eine Schnur (z. B. einen Schnürsenkel). Schneiden Sie zunächst einen V-förmigen Schnitt in das Weichholzbrett, und legen Sie Zunder darunter. Binden Sie die Schnur an das biegbare Holzstück, so daß ein Bogen entsteht. Halten Sie das Brett mit dem Fuß fest, und legen Sie die Schnur über den Bohrer. Stellen Sie den Bohrer in den V-förmigen Schnitt. Legen Sie einen Stein oder ein anderes Gewicht auf den Bohrer, um zusätzlichen Druck auszuüben, und halten Sie es mit einer Hand stabil. Drücken Sie auf den Bohrer, und bewegen Sie den Bogen vor und zurück, um den Bohrer in Drehbewegung zu bringen. Die durch den Bohrer verursachte Reibung wetzt den Zunder und generiert einen Funken. Blasen oder fächeln Sie den Funken vorsichtig an, bis sich der Zunder entzündet.

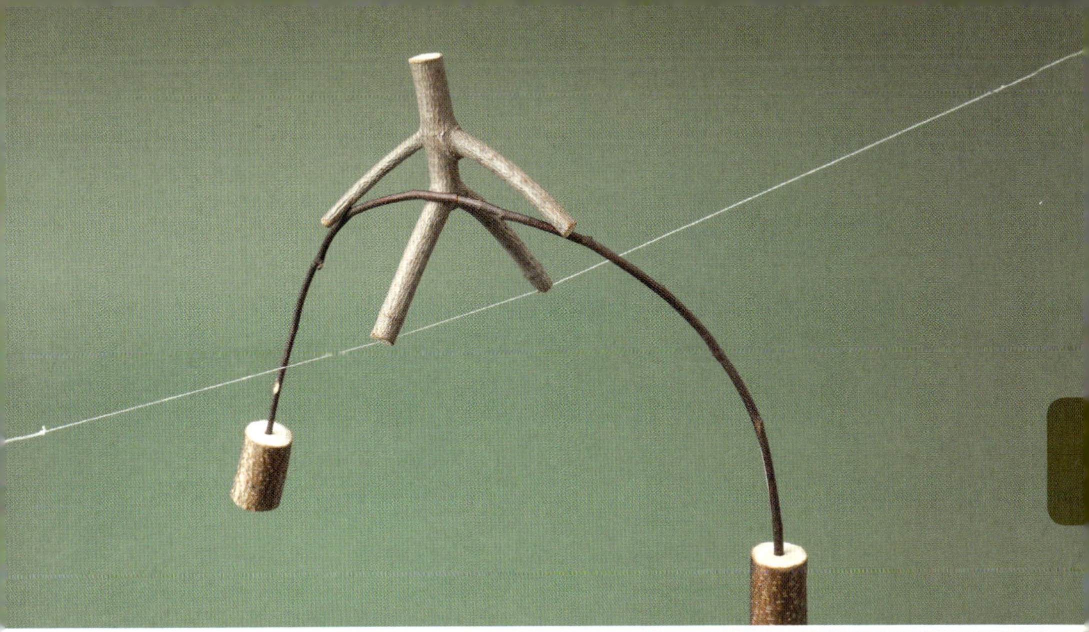

Stöckchenfiguren

Material:

- Messer
- Geradfaseriges Holz Ihrer Wahl
- Schleifpapier – unterschiedliche Körnungen von fein bis sehr fein (Körnung 150 und 220 sind in Ordnung)
- Bleistift, Kugelschreiber oder Marker
- Zahnseide

In den vierzig oder fünfzig Jahren, die ich nun schon durch Wälder wandere oder Aststapel dieser oder jener Art und Herkunft durchstöbere, bin ich immer wieder auf erstaunlich viele fast fertige Stöckchenfiguren gestoßen. Jede dieser natürlichen Figuren (zumindest die »menschenähnlichen«) hat einen Kopf, einen Rumpf, zwei Arme und zwei Beine. Die gewachsene Form definiert, was das Figürchen gerade tut. Mit der Zeit habe ich einige typische Charaktere gefunden: den Diskuswerfer, den Ballfänger beim Baseball, den Läufer mit der olympischen Fackel, den Bodenturner, den Fußballspieler beim Ballstop und ähnliche.

Bei einigen dieser natürlichen Formen ändere ich fast nichts. Ich lasse sie in dem Zustand, wie ich sie gefunden habe. Andere bearbeite ich leicht mit meinem Taschenmesser und dem Bleistift oder Marker. Die folgende Fotoserie zeigt die Herstellung eines Drahtseilartisten und einige Stücke aus meiner Sammlung – einige fast gar nicht bearbeitet, andere nur ganz wenig.

Haben Sie erst einmal einen Instinkt für Stöckchenfiguren entwickelt, brauchen Sie sie kaum mehr zu suchen. Sie stolpern förmlich über sie. Vielleicht wollen Sie sogar eine Sammlung zusammenstellen. Sehen Sie, wie viele Charaktere Sie finden können.

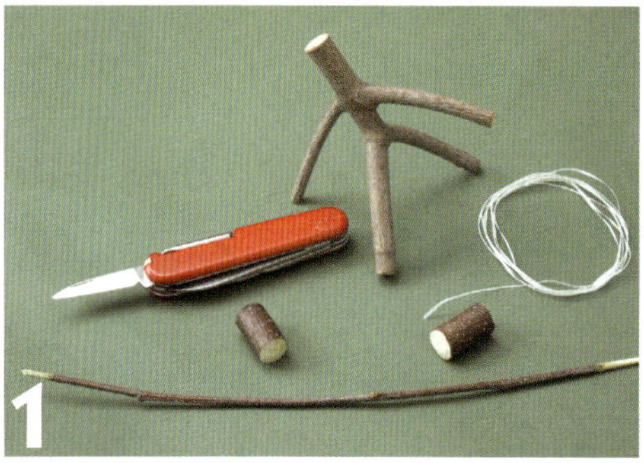

Aus diesem kleinen Ahornzweig, etwas Zahnseide (mehr haben wir im Fotostudio nicht gefunden) und einigen kleinen Teilen machen wir den Drahtseilartisten.

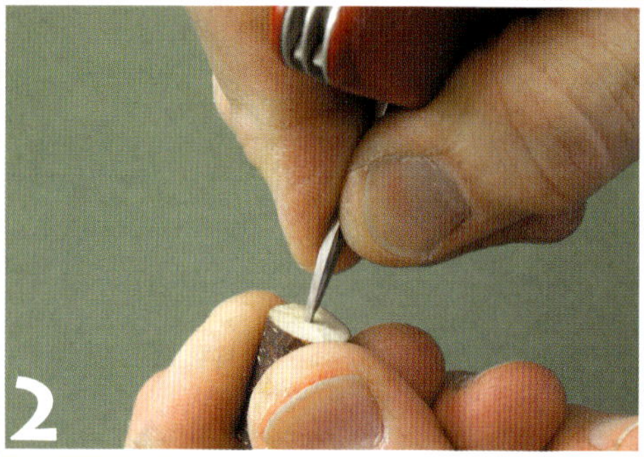

Machen Sie in die zwei Klötzchen jeweils ein Loch in ein Ende.

Spitzen Sie beide Enden des langen, dünnen Zweigs an, und stecken Sie sie jeweils in ein Loch der Gewichtsklötzchen.

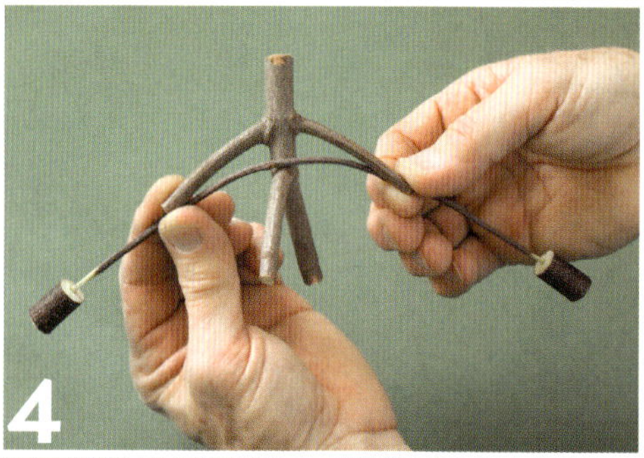

Sehen Sie, worauf wir hinaus wollen.

Schneiden Sie eine kleine Kerbe unten in die Füße des kleinen Mannes. Wir haben kein Sicherheitsnetz, und Sie wollen doch sicher nicht, daß er von der »Zahnseide« herunterfällt.

Knoten, die man kennen sollte

Beim Campen und beim Schnitzen können einige grundlegende Knoten hilfreich sein. Hier sehen Sie drei gebräuchliche.

Einfacher Palstek: Kommt immer zum Einsatz, wenn Sie am Ende einer Schnur ein festes Auge benötigen. Gut auf Wanderungen, beim Bergsteigen; auch nützlich, um Dinge aufzuhängen oder hochzuziehen.

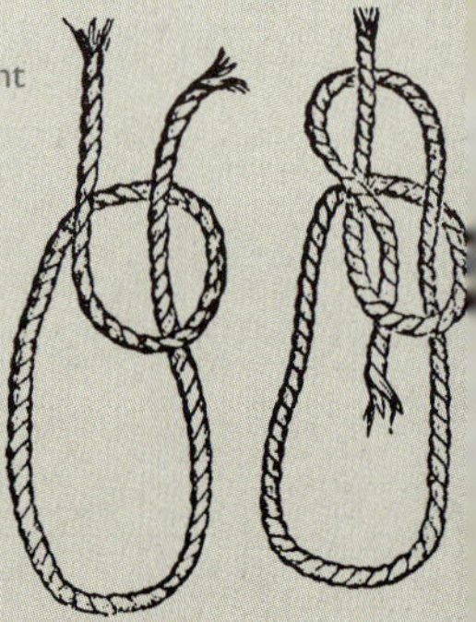

Die Enden der Hände kerben wir ein wenig ein, damit die Balancierstange nicht weggleitet.

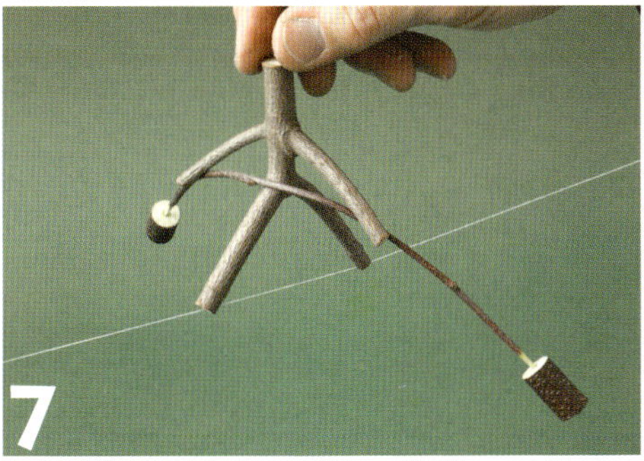

Position und Gleichgewicht des Drahtseilartisten werden geprüft. Hoppla! Die Balancierstange ist zu kurz, um den richtigen Gleichgewichtsschwerpunkt zu erzeugen.

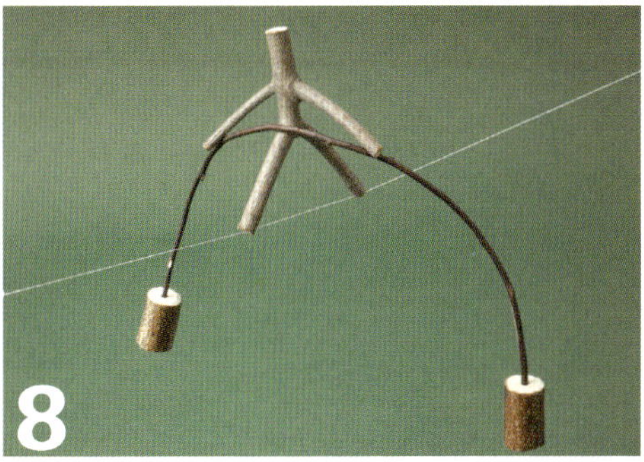

Nun ist die Stange lang genug und hat auch die richtige Biegung. Unser kleiner Künstler ist bereit zum Auftritt.

Webeleinstek: Der beste Knoten, um ein Seil an einem Pfahl oder Ring festzumachen. Ideal für Zeltheringe oder um ein Tier an einen Zaun zu binden. Auch gut, um Dinge aneinander zu befestigen.

Kreuzknoten: Diesen Knoten nutzt man zum Verbinden zweier Schnüre.

Kleiner Tip: Menschenmassen vermeiden Sie, wenn Sie Nationalparks im Winter besuchen; die Besucherzahlen belaufen sich nur auf ein Viertel der Sommerzahlen.

Hier sehen Sie nur einige der Stöckchenfiguren, die ich gefunden habe. Halten Sie die Augen offen. Draußen finden Sie alle möglichen kleinen Leute und »Geschöpfe«!

Hier haben wir die Idealform eines Stöckchenfigur-»Rohlings«. Ihn können wir nach Belieben weiterverarbeiten. Das Holz ist Ahorn.

Oben auf seinem linken Bein ausbalanciert, unten auf seinem rechten Bein. Bei dieser Figur könnte es sich entweder um einen Eiskunstläufer handeln oder um einen Turner beim Bodenturnen.

Als Brasilianer und begeisterter Fußballspieler habe ich mich besonders über diesen Fund gefreut. Seine »Ballbehandlung« ist perfekt.

Dieser Diskuswerfer stammt aus einem Orangenbaumzweig von einem gerodeten Orangenhain in Florida.

ZIERKÖPFE

MATERIAL:

- Messer
- Dreiteilige Astgabel Ihrer Wahl
- Schleifpapier – unterschiedliche Körnungen von fein bis sehr fein (Körnung 150 und 220 sind in Ordnung)
- Polyurethan oder anderes klares Finish (wahlweise)
- Bleistift, Kugelschreiber oder Marker
- Acrylfarbe Ihrer Wahl (falls gewünscht)

Alle denkbaren Tierköpfe können aus einem gegabelten Ast hervorkommen und das Ende eines Rohrstücks oder eines Spazierstocks oder eines anderen Gegenstandes schmücken. Ich empfehle drei Arten: Pferd, Hund und Ziege. Hier schnitzen wir nur den Kopf mit einem etwas verlängerten Hals – Sie können sogar den Hals aufbohren und eine Kugelschreiber- oder Bleistiftmine einsetzen. Wollen Sie den Körper dieser Tiere vervollständigen (Tierkarikaturen), ist es nicht allzu schwierig, sechs weitere kleine Aststückchen unterschiedlicher Größe zu Rumpf, vier Beinen und einem Schwanz zusammenzustellen.

Pferdekopf

Hier haben wir einen Pferdekopf, den ich vor vielen Jahren geschnitzt habe, und einen Astrohling, der zu einem neuen Pferdekopf werden soll. Beachten Sie, daß beide Teile der Gabel in etwa die gleiche Dicke haben.

Es ist nicht erforderlich, den Umriß der gesamten Figur zu skizzieren; das Aufzeichnen des Profils kann jedoch hilfreich sein.

Formen Sie die Pferdeohren, indem Sie sowohl von der Kopfvorder- als auch von der Kopfrückseite schnitzen.

Runden Sie das Pferdemaul.

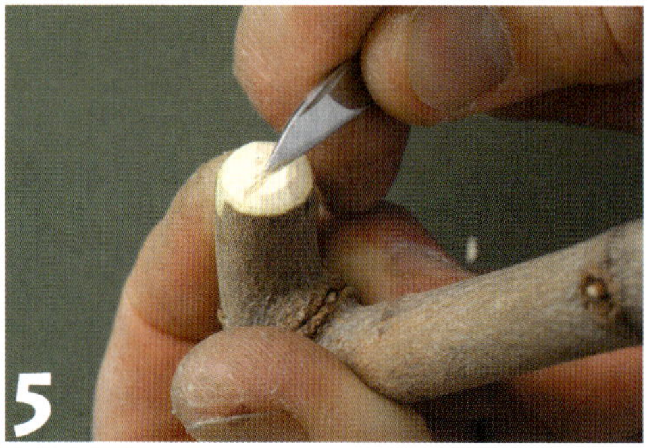

Und schneiden Sie einen kleinen V-Schnitt an der Vorderseite und auf jeder Seite.

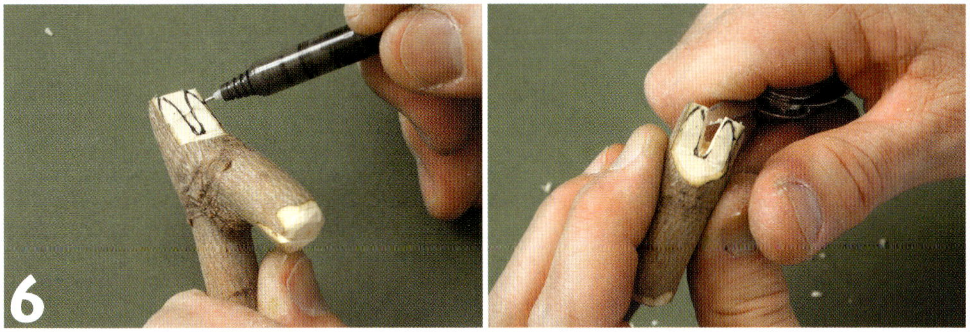

Zeichnen Sie die Ohren auf, und schneiden Sie sie aus. Gehen Sie ähnlich vor wie beim Ausarbeiten der Gabelzinken.

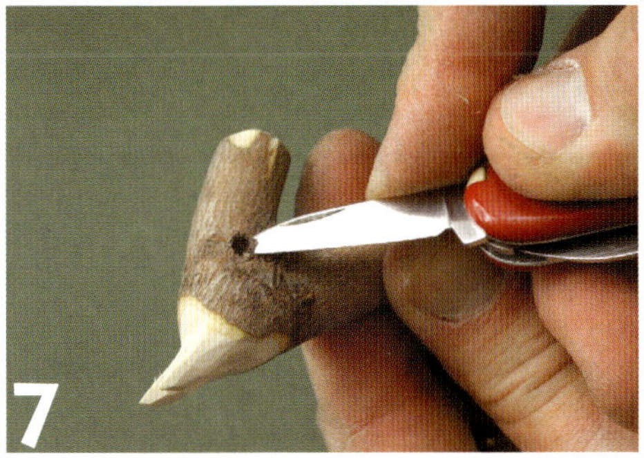

Mit kleinen kreisförmig geführten Schnitten entfernen Sie sehr vorsichtig die Rinde für die Augen. Versäubern Sie die Augen, indem Sie vorsichtig mit der Spitze Ihres Taschenmessers schaben.

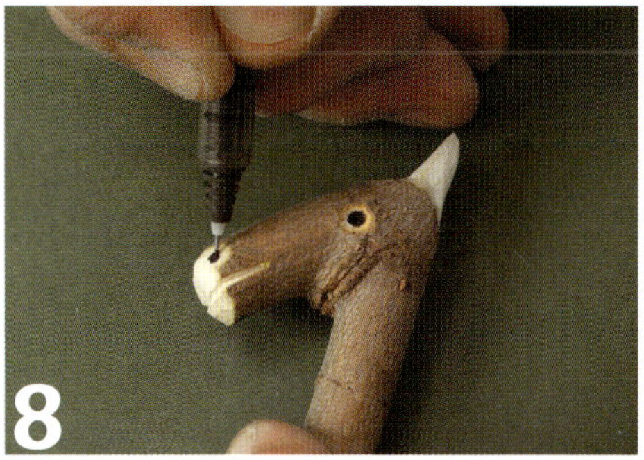

Mit einem schwarzen Kugelschreiber (oder Farbe) zeichnen Sie die Augen und Nüstern und heben das Maul hervor.

Fertig!

Häufig vorkommende Tierfährten

Rotwild: Achten Sie auf den zweigeteilten Huf.

Hundeartige und katzenartige Tiere: Deren Abdrücke haben sowohl am Vorder- als auch am Hinterfuß vier Zehen. Wilde hundeartige Tiere weisen häufig Klauenabdrücke auf.

Kaninchen: Achten Sie auf die kleinen Vorderläufe und die großen Hinterläufe.

Nagetiere: Weisen vorne vier Zehen und hinten fünf Zehen auf.

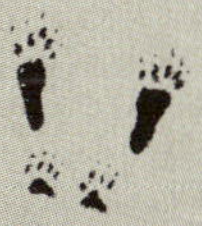

Waschbären: Diese haben fünf Zehen sowohl am Vorder- wie am Hinterfuß.

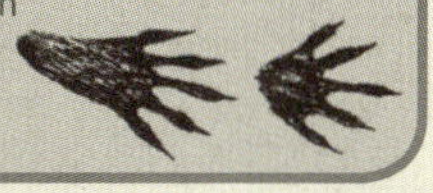

Übrigens: Die Pferde im Assateague-Nationalpark in Maryland/Virginia stammen von Herden ab, die im 17. Jahrhundert durch diese Gegend getrieben wurden.

Hundekopf

Ein früher geschnitzter und ein Hundekopf in spe. Hauptast und Gabel haben ungefähr die gleiche Stärke; die obere Gabel für die Ohren kann etwas schmaler sein.

Skizzieren Sie das Profil.

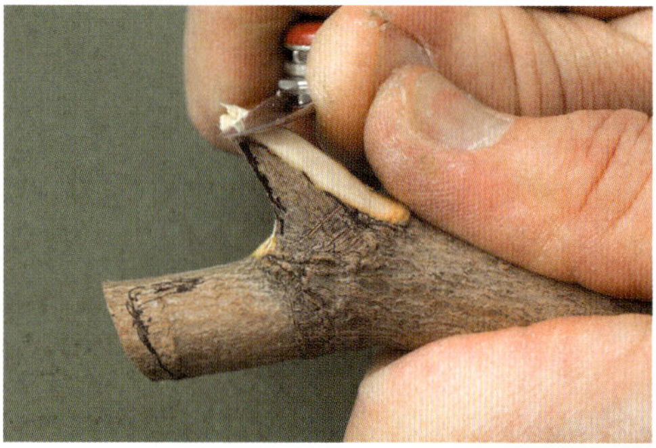

Formen Sie das Profil der Ohren.

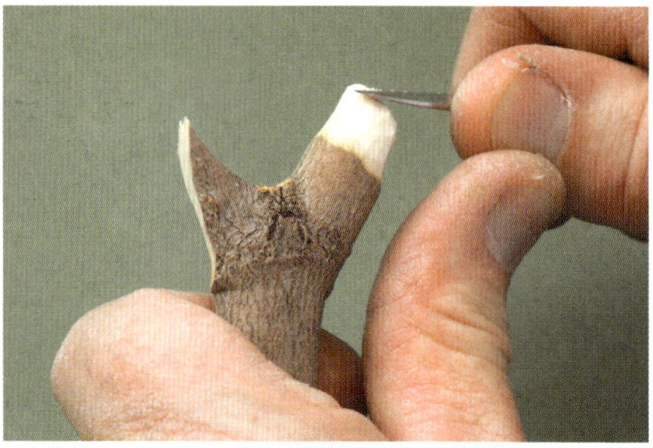

Schnitzen Sie die Hundeschnauze.

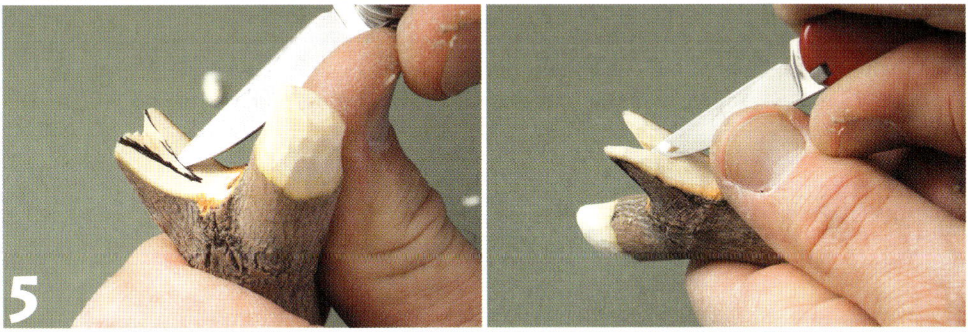

5

Zeichnen Sie ein V auf, und schneiden Sie es aus, um die Ohren zu trennen. Beachten Sie die Schnittrichtung dieser Schnitte: von unten zur Spitze.

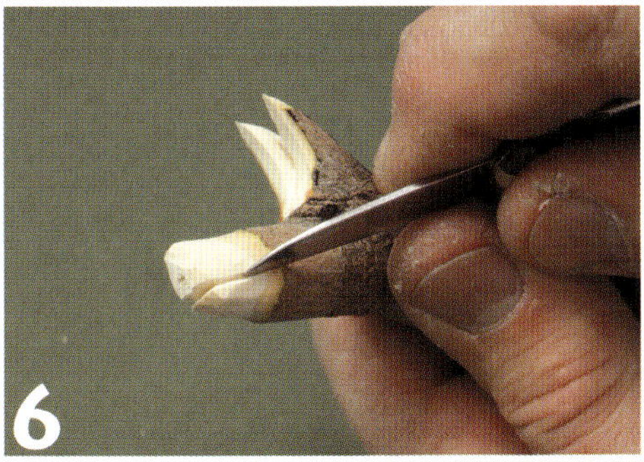

6

Zeichnen Sie die Augen auf, und formen Sie die Schnauze mit dünnen V-Schnitten.

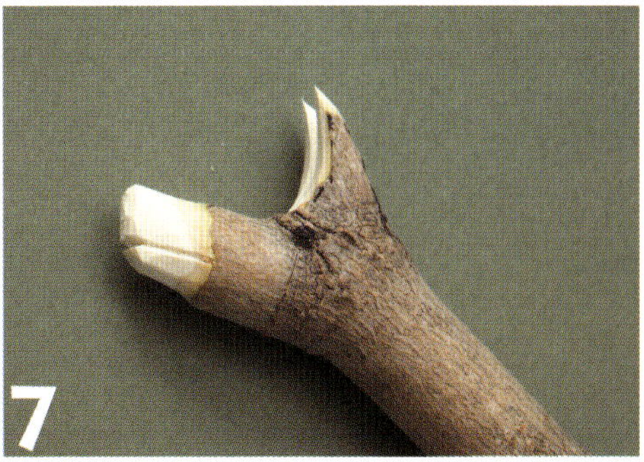

7

Aus dem Hund läßt sich leicht ein Wolf machen. Sie können ihn nach Wunsch verändern.

Fährten

Nun, wo Sie schon einige Tiere geschnitzt haben, haben Sie eventuell Lust, nach dem Original Ausschau zu halten. Spuren zeigen uns, wo Tiere gewesen sind und welche es waren. Sowohl der Fußabdruck wie das Muster der Fährte sagen uns, welche Tierart die Spur hinterlassen hat. Die folgenden Typen geben allgemeine Richtlinien zur Fährtenbestimmung.

Tiere, die in diagonaler Gangart laufen: Diese Tiere bewegen zunächst ihr linkes Vorder- und rechtes Hinterbein zusammen und dann ihr rechtes Vorder- und linkes Hinterbein zusammen und so weiter. Hunde, Katzen und Pferde bewegen sich so.

Paßgänger: Paßgänger bewegen rechtes Vorder- und Hinterbein zusammen und dann linkes Vorder- und Hinterbein zusammen und so weiter. Waschbären hinterlassen solche Fährten.

Hoppelnde Tiere: Tiere dieser Gruppe springen mit ihren Hinterläufen und landen auf ihren Vorderläufen. Kaninchen sind das bekannteste Beispiel dieser Gruppe.

Springende Tiere: Diese Tiere bewegen beide Vorderläufe zusammen und dann beide Hinterläufe. Otter haben diese Art der Fortbewegung.

Kleiner Tip: Stechmücken wehren Sie ab, wenn Sie Ihre Haut mit der Innenseite von Apfelsinenschalen einreiben.

1

Ziegenkopf

Mit diesem Stück geht es los.

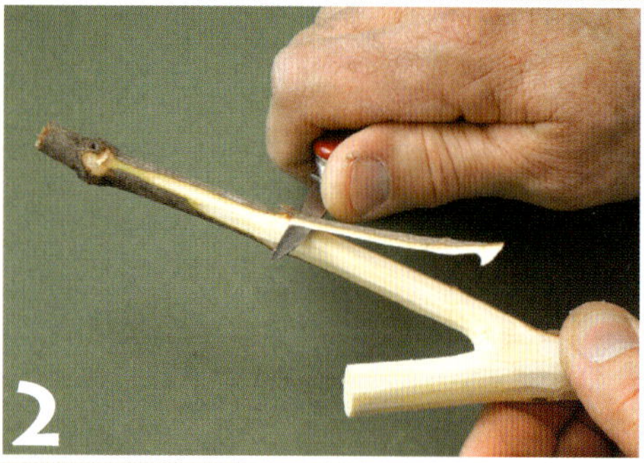

2

Für die Ziege entrinden wir den ganzen Ast.

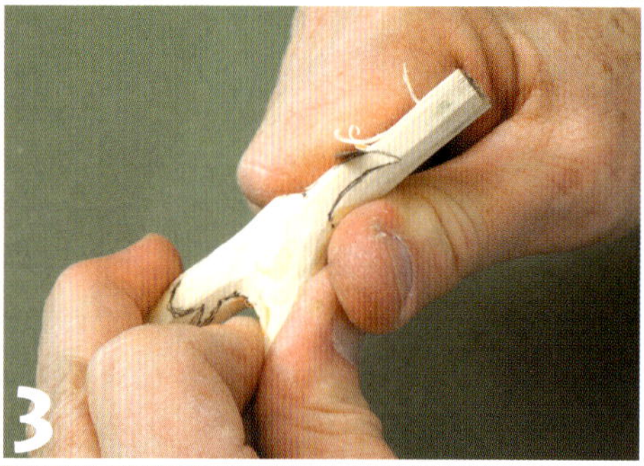

3

Skizzieren Sie das Seitenprofil des Ziegenkopfes. Vergessen Sie nicht die Hörner und den Ziegenbart. Schnitzen Sie dann das Profil der Hörner. Achten Sie beim Ausführen der gekrümmten Schnitte auf den Faserverlauf.

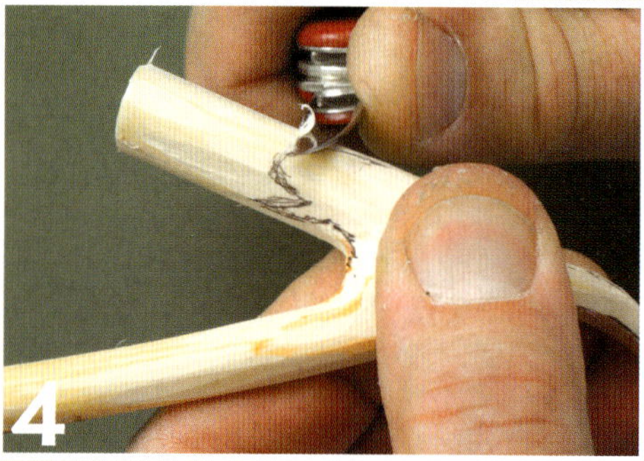

4

Lassen Sie das Nasenteil konisch zulaufen, und schneiden Sie das überschüssige Holz weg.

5

Skizzieren Sie das Frontprofil von Nase und Hörnern. Formen Sie Nase und Ziegenbart.

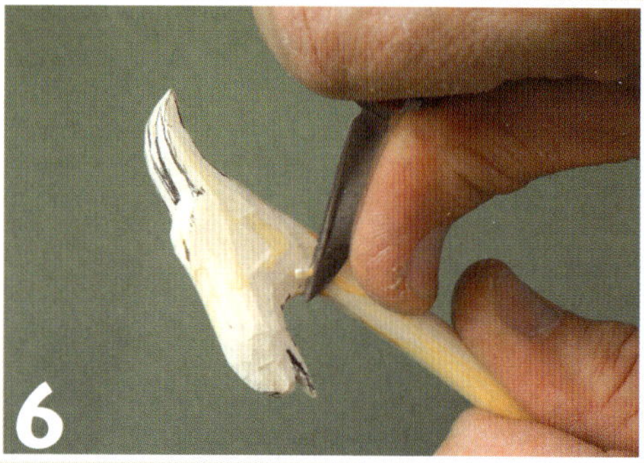

6

Vielleicht nehmen Sie etwas Holz vom Ziegennacken ab.

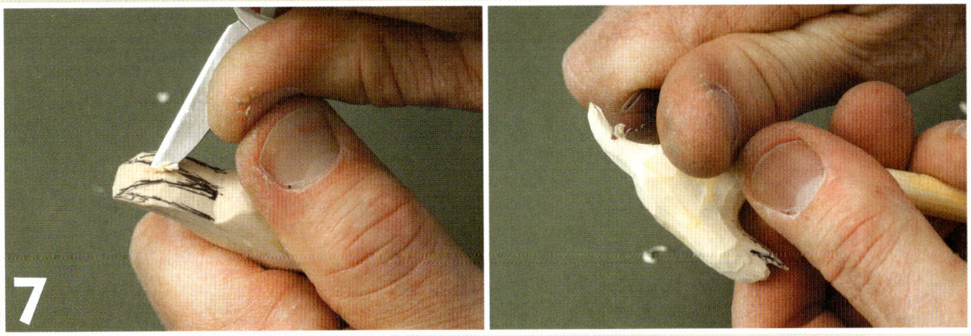

Schneiden Sie die Hörner aus, runden Sie sie, und formen Sie jeweils eine Spitze. Achten Sie wiederum auf den Faserverlauf.

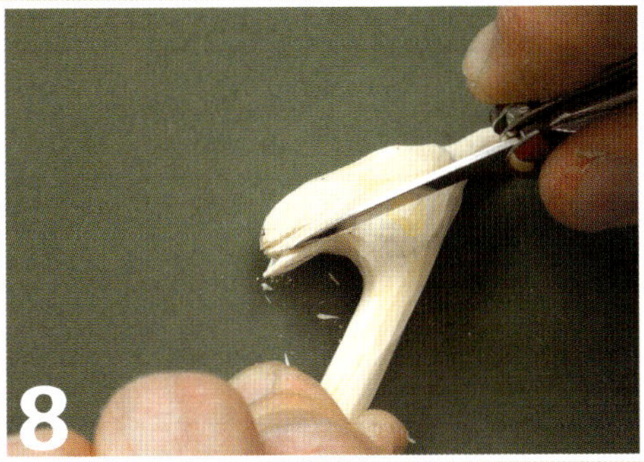

Kerben Sie das Maul aus, und arbeiten Sie den Ziegenbart fertig.

So weit sind wir nun.

Flachen Sie einen neuen Ast von einer Seite bis gerade unterhalb des Marks ab.

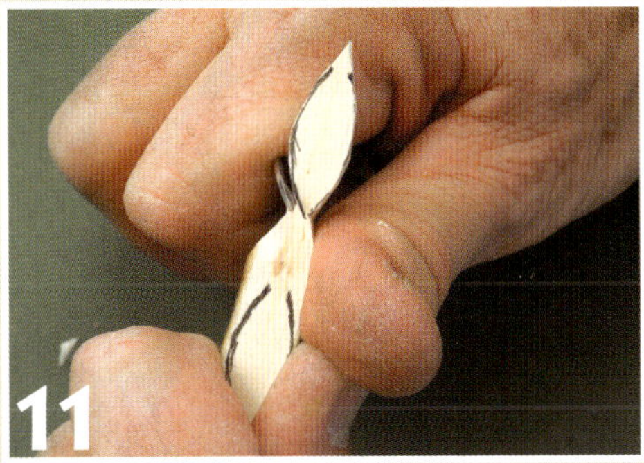

Zeichnen Sie zwei Ohren auf, und schneiden Sie sie aus.

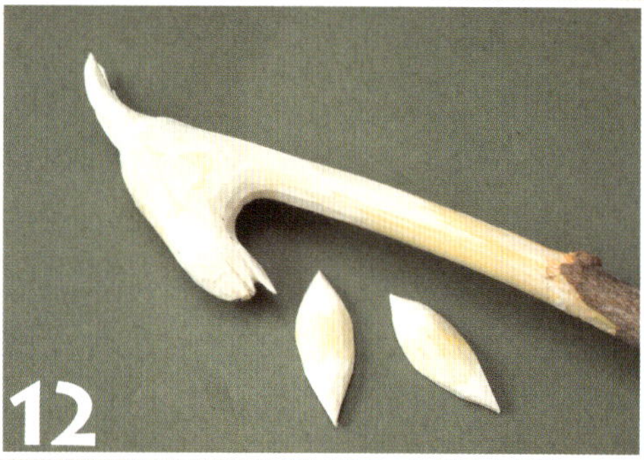

Schnitzen Sie die Ohren.

Positionieren Sie die Ohren am Kopf. Erzeugen Sie mit der Messerspitze an jeder Seite des Kopfes ein Loch. Drücken Sie die Ohren in die Löcher, um ihre Position auszuprobieren.

Nehmen Sie die Ohren wieder ab, und schleifen Sie den Kopf glatt.

Die Position der Augen läßt sich leichter bestimmen, wenn die Ohren an ihrem Platz sitzen. Zeichnen Sie die Augen ein. Zeichnen Sie den Schlitz für das Maul nach, und zeichnen Sie die Nasenlöcher ein.

Befestigen Sie Ohren erst ganz zum Schluß! Ein wenig Holzleim in den kleinen Löchern hält sie an ihrer Position.

Der fertige Ziegenkopf.

ENTE

MATERIAL:

- Messer
- Astgabel nach Ihrer Wahl
- Schleifpapier – unterschiedliche Körnungen von fein bis sehr fein (Körnung 150 und 220 sind in Ordnung)
- Polyurethan oder anderes klares Finish (wahlweise)
- Bleistift, Kugelschreiber oder Marker
- Acrylfarben nach Wahl (falls gewünscht)

In meinen über 35 Jahren als Astschnitzer hatte ich, soweit ich mich erinnern kann, neben der etwas karikaturhaften Ente, die Sie auf den folgenden Fotos sehen, kaum Gelegenheit, Enten zu schnitzen. Und wenn, dann glichen sie noch mehr einer Karikatur als diese. Allerdings war mein erstes Entlein eines der populärsten Stücke meiner Schnitzsammlung. Leider habe ich es bei einem meiner Koffer-Unfälle vor fast 20 Jahren verloren. Es ist lange im Gras von South Jersey zu Mulch zerfallen.

Auch wenn meine Ente hier an eine Karikatur erinnert - Sie können Ihre nach Belieben ganz realistisch oder wie in einem Zeichentrickfilm gestalten. Auch können Sie Ihre Ente mit den Farben Ihrer Lieblingsgattung bemalen.

Wählen Sie eine Astgabel, deren obere Y-Enden möglichst den gleichen Durchmesser haben. Skizzieren Sie Ihre Ente.

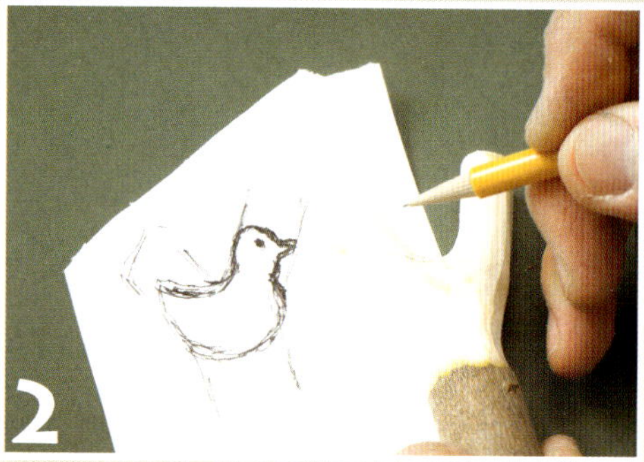

Entrinden Sie den Ast, wo der Entenkörper entstehen soll, und skizzieren Sie die Form grob auf dem Holz.

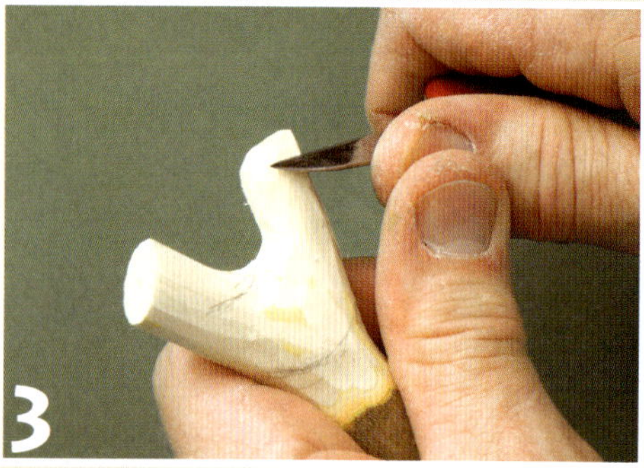

Beginnen Sie mit dem Runden des Kopfes.

Verhaltensregeln bei Schlangenbissen

Ein Entenjäger weiß, daß er gute Stiefel braucht, bevor er sich ins Gestrüpp begibt. Niemand läßt sich gerne von einer Schlange beißen – auch kein Entenschnitzer! Diese giftigen Geschöpfe können recht bösartig sein, deshalb hier einige Hinweise, wie man ihnen am besten begegnet.

Was ist zu tun, wenn eine Schlange Sie gebissen hat:

- Die Bißwunde mit Wasser und Seife reinigen.
- Die Bißstelle nicht mehr bewegen und so positionieren, daß sie unterhalb des Herzens liegt.
- So schnell wie möglich einen Arzt aufsuchen. Menschen können auf giftige und ungiftige Schlangenbisse ungünstig reagieren.
- Sind Sie mehr als 30 Minuten von medizinischer Hilfe entfernt, legen Sie eine Bandage fünf bis zehn Zentimeter oberhalb der Bißstelle an, um das Gift einzugrenzen. Sie darf nicht so fest sein, daß sie die Blutzirkulation stoppt.
- Wenn möglich saugen Sie die Wunde aus, um Gift aus dem Körper herauszubekommen.

Was Sie nicht tun sollten:

- Eis auf die Wunde legen.
- Eine Aderpresse anlegen.
- Die Bißstelle aufschneiden.

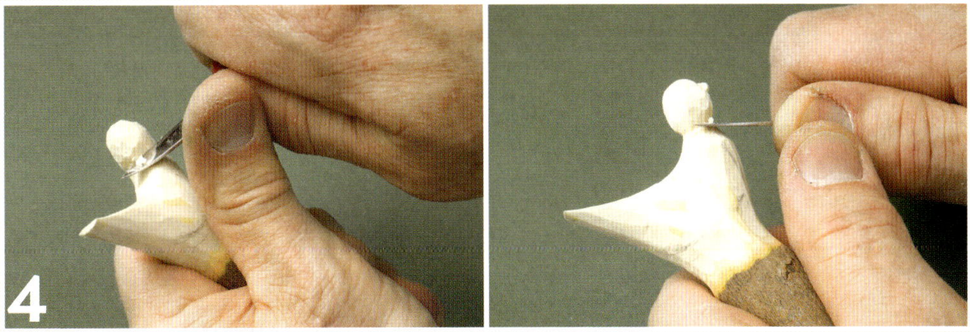

Schnitzen Sie den Kopf fertig, und formen Sie den Schwanz konusförmig.

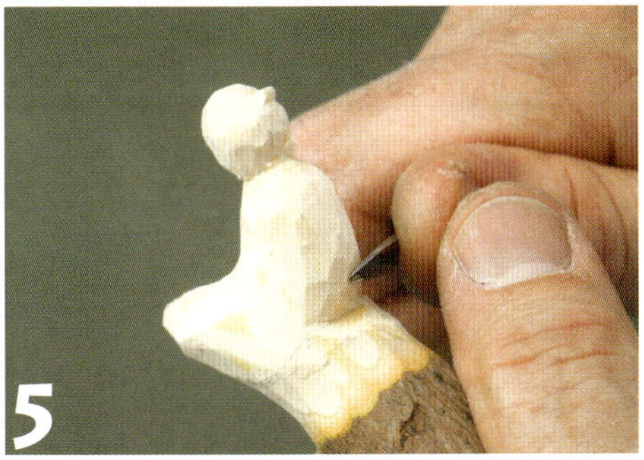

Runden Sie den Schwanz etwas. Schneiden Sie von vorne und von hinten ein, um die Entenunterseite etwas abzurunden.

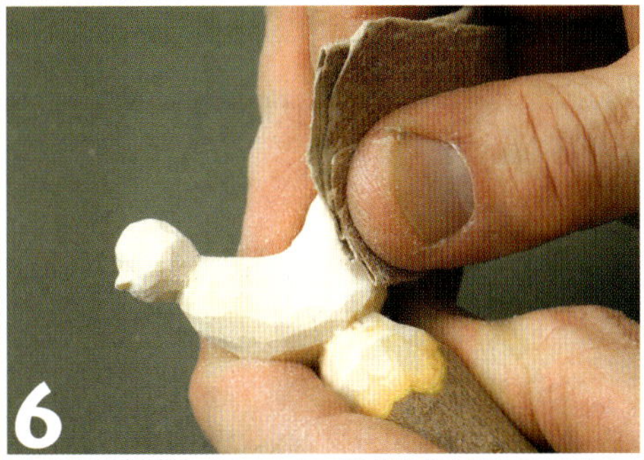

Schleifen Sie die Oberfläche der ganzen Ente glatt. Sollen die Schnittspuren erhalten bleiben, lassen Sie den kleinen Kerl so, wie er ist.

Häufige Giftschlangenarten in den Vereinigten Staaten

- Klapperschlange
- Kupferkopfschlange
- Wassermokassinotter
- Korallenschlange

Verschiedene ungiftige Schlangen wie die Königsnatter imitieren die hellroten, gelben und schwarzen Farben der Korallenschlange. Die Verwechslungsmöglichkeit betont noch, wie wichtig es ist, wirklich jeden Schlangenbiß zu vermeiden, ganz gleich, um welche Schlange es sich handelt.

Wie man Schlangen aus dem Weg geht und ihre Bisse vermeidet

- Halten Sie sich von Schlangen fern. Versuchen Sie nicht, sie zu töten oder ihnen zu nahe zu kommen. Halte Sie mindestens zwei Meter Abstand.
- In Schlangenregionen immer dicke Stiefel, lange Hosen und langärmlige Hemden tragen.
- Nie in Stellen hineingreifen oder auf Stellen treten, die man nicht einsehen kann.
- Vorsichtig sein. Achten Sie beim Wandern oder Klettern stets auf Ihre Umgebung und auf Schlangen.

Übrigens: Im Naturreservat *Bartholomew's Cobble* an der Grenze zwischen Massachusetts und Connecticut gibt es den meisten Farn in Nordamerika.

So weit sind wir schon.

Malen Sie den Entenschnabel gelb. Ich verwende meistens Acrylfarbe.

Malen Sie die Augen schwarz.

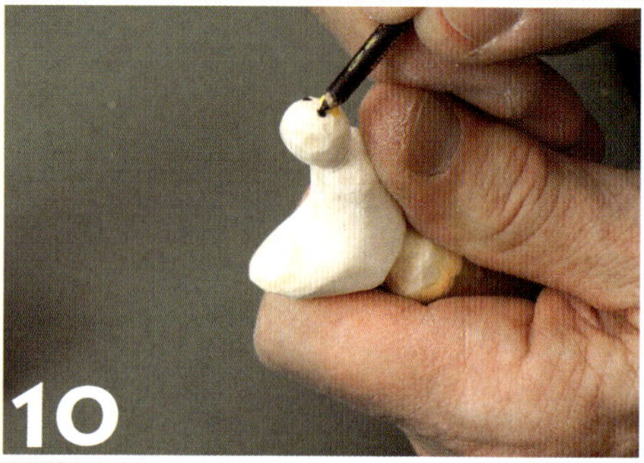

Ab hier können Sie in verschiedene Richtungen weiterarbeiten: 1. Schneiden Sie den Enterich (oder die Ente – da gibt es keinen Unterschied) ab und lassen ihn schwimmen; 2. Arbeiten Sie kleine Beine und Füße und stellen ihn hin; 3. Schneiden Sie ihn ab und setzen ihn in ein Nest; 4. Lassen Sie ihn auf seinem Poller sitzen und sich wie ein Hahn gebärden (wie die Ente in dem Film *Babe*).

Entenhausen

Jeder geht gerne Enten füttern; häufiges Füttern macht sie jedoch zahm und vom Menschen abhängig. Vor allem Brot tut den Enten nicht gut; es macht sie satt, gibt ihnen aber nicht die für ihre Wanderungen und die Fortpflanzung benötigten lebenswichtigen Nährstoffe. Wenn Sie ihre gefiederten Freunde füttern wollen, geben Sie ihnen Gerste, Mais und Weizen.

Singvogel

Material:

- Messer
- Astgabel Ihrer Wahl
- Schleifpapier – unterschiedliche Körnungen von fein bis sehr fein (Körnung 150 und 220 sind in Ordnung)
- Polyurethan oder anderes klares Finish (wahlweise)
- Bleistift, Kugelschreiber oder Marker
- Acrylfarben nach Wahl (falls gewünscht)

Vor einigen Jahren nahm ich einen Nachbarsjungen zu einem Baseballspiel der *Orioles* zum schönen *Camden Yards-Stadion* in Baltimore mit. Wie üblich hatte ich »zufällig« einige kleine Zweige dabei. Während unseres Aufenthalts an der linken Spielfeldecke begann ich, eine Miniatur der Baltimore Orioles zu schnitzen, zunächst nach dem großen Orioles-Bild an der Ergebnistafel, dann nach der Orioles-Baseballmütze meines kleinen Nachbarn. Der kleine Oriole wurde ganz gut! Ich glaube, die direkt hinter uns sitzenden Fans bekamen vom Oriole-Schnitzen genau so viel mit wie vom eigentlichen Baseballspiel.

Es gibt Millionen Singvogelarten. Ich kann Ihnen wirklich nicht sagen, welche wir hier schnitzen. Egal, wir nennen ihn den »Singvogel im allgemeinen«. Die Vogelkenner unter Ihnen können experimentieren und die notwendigen Anpassungen beim Schnitzen, Bemalen und bei der Endbehandlung vornehmen.

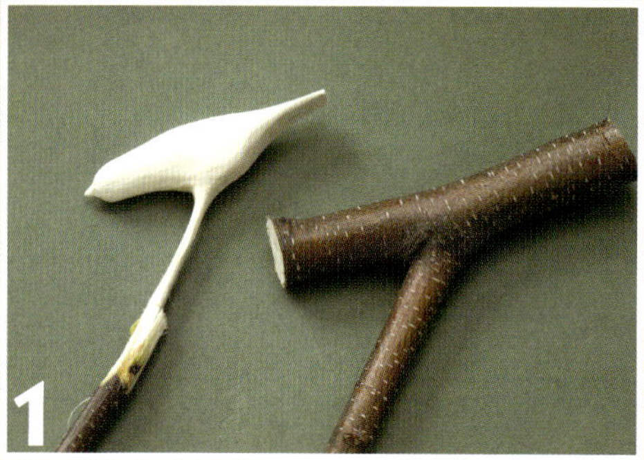

Hier sehen Sie einen Vogel (der nach unten schaut) und einen geeigneten Astgabelrohling.

Entrinden Sie den gesamten Ast.

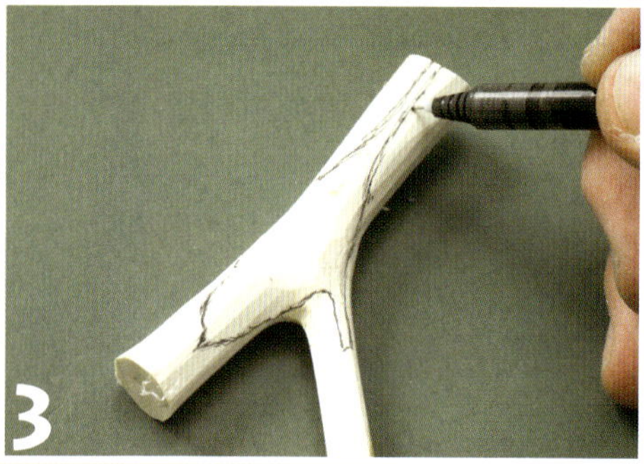

Skizzieren Sie das Vogelprofil.

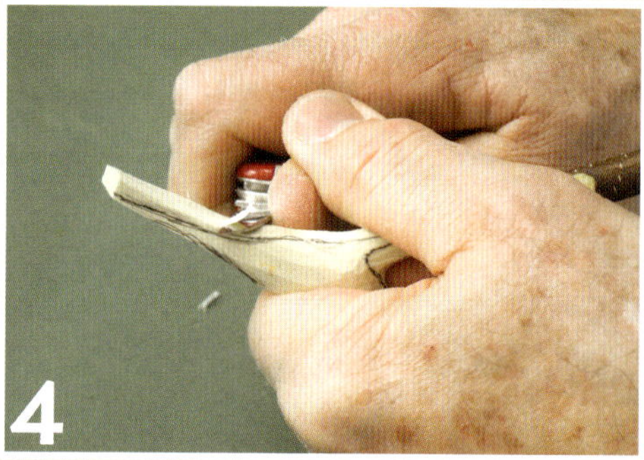

Flachen Sie die Ober- und Unterseite des Schwanzes ab.

Formen Sie das Seitenprofil des Kopfes.

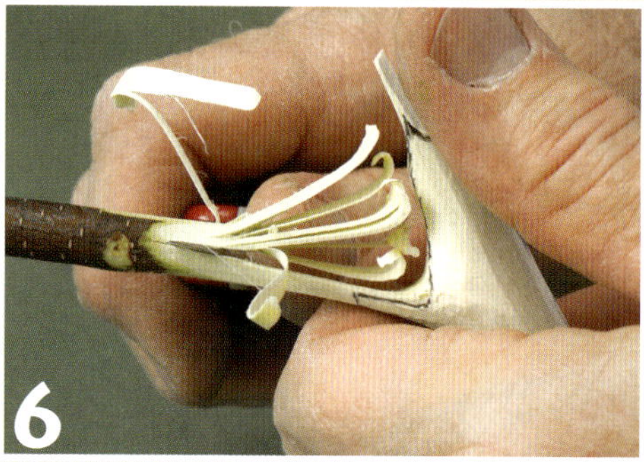

Lassen Sie den Ast für das Bein spitz zulaufen.

Entfernen Sie überschüssiges Holz am Ast für den Schnabel, und verjüngen Sie den Schwanz noch etwas.

Zeichnen Sie die Draufsicht auf Kopf, Schnabel und Schwanz ein.

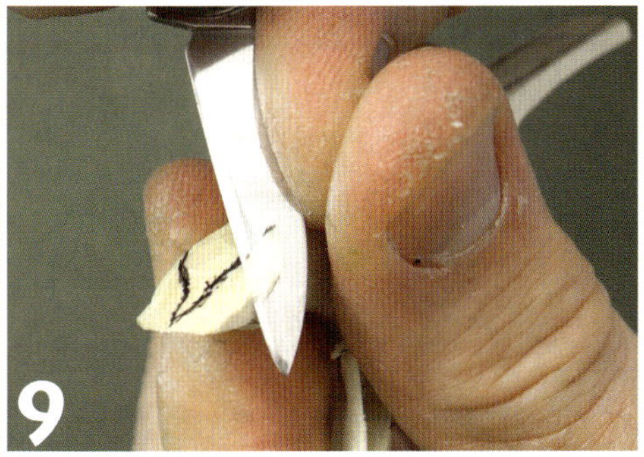

Schnitzen Sie den Kopf und spitzen den Schnabel an.

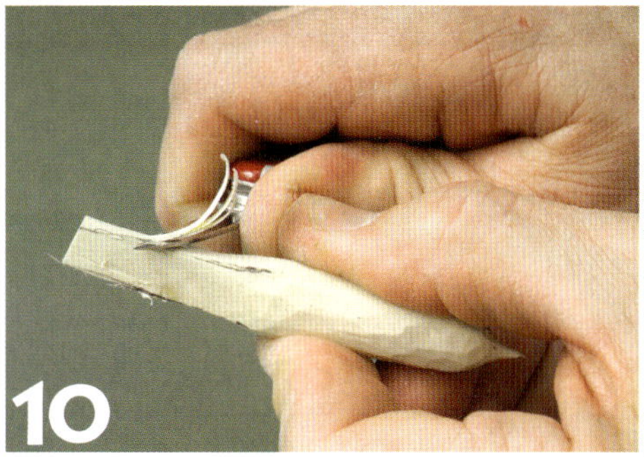

Schnitzen Sie den Schwanz.

Zeichnen Sie Hilfslinien ein, um die Körperunterseite etwas mehr zu runden.

12 Der Körper ist etwas mehr gerundet und die Beine etwas mehr betont.

Kleiner Tip: Tragen Sie helle Kleidung und vermeiden Sie Duftstoffe, um keine Insekten anzulocken.

Zeichnen Sie die beiden Beine ein.

Den Keil zwischen den Beinen müssen Sie sehr vorsichtig ausschneiden. Ab hier bestimmen Sie wieder selbst, wie Sie weiter vorgehen wollen. Arbeiten Sie die Details aus, und bemalen und basteln Sie nach Herzenslust.

Lieder fürs Lagerfeuer

Einen Singvogel haben Sie nun schon zusammenbekommen – wie wär's jetzt mit einem gemütlichen Abend am prasselnden Lagerfeuer und einem urigen Liedchen? Vielleicht einen echten Klassiker?

Oh, my Darling Clementine

In a cavern, in a canyon
Excavating for a mine
Lived a miner forty-niner
And his daughter, Clementine

Refrain:

Oh, my darling, oh, my darling
Oh, my darling Clementine
You are lost and gone forever
Dreadful sorry, Clementine

Light she was and like a fairy
And her shoes were number nine
Herring boxes without topses
Sandals were for Clementine

Drove her ducklings to the water
Every morning just at nine
Hit her foot against a splinter
Fell into the foaming brine

Ruby lips above the water
Blowing bubbles soft and fine
But, alas, I was no swimmer
So I lost my Clementine

In my dreams she still does haunt me
Robed in garments soaked in brine
Though in life I used to hug her
Now she's dead, I draw the line

How I missed her, how I missed her
How I missed my Clementine
Till I kissed her little sister
And forgot my Clementine

(Percy Montross, um 1880)

Oh, Susanna

I come from Alabama with my banjo on my knee,
I'm going to Louisiana, my true love for to see.
It rained all night the day I left, the weather it was dry
The sun so hot I froze to death, Susanna, don't you cry.

Refrain:

Oh, Susanna, oh, don't you cry for me,
For I come from Alabama with my banjo on my knee.

I had a dream the other night, when everything was still;
I thought I saw Susanna dear, a coming down the hill.
A buckwheat cake was in her mouth, a tear was in her eye,
Says I, I'm coming from the south, Susanna, don't you cry.

I soon will be in New Orleans, and then I'll look around,
And when I find Susanna, I'll fall upon the ground.
But if I do not find her, then I will surely die,
And when I'm dead and buried, Oh, Susanna, don't you cry.

(Stephen Foster, 1848)

Fliegender Fisch

Fische aller Art gehören zu den Spezialitäten vieler Holzschnitzer. Ich bin immer total begeistert, wenn ich bei einer Schnitzvorführung sehe, wie unglaublich lebensecht und detailliert die Fische sind. Setzte man einige von ihnen in ein großes Aquarium, würde man vielleicht gar nicht merken, daß man keine lebendigen Fische betrachtet. Der nun folgende Fisch soll allerdings nicht in diese Kategorie von Kunstwerken fallen. Ich glaube trotzdem, daß Ihnen die Schnitzerei gefallen wird. Mir auf jeden Fall.

Material:

- Messer
- Astgabel Ihrer Wahl
- Schleifpapier – unterschiedliche Körnungen von fein bis sehr fein (Körnung 150 und 220 sind in Ordnung)
- Bleistift, Kugelschreiber oder Marker

Für dieses Projekt schulde ich meinem Astschnitzer-Kollegen Mike Shatt aus Milford Dank. Ich traf Mike vor vielen Jahren und zeigte ihm meine Art, Zweige und Äste zu schnitzen. Vor einigen Jahren nun schickte er mir Fotos seiner Schnitzereien. Dazu gehörten auch fliegende Fische, wie sie aus dem Wasser sprangen – komplett mit Spritzer! Ausgehend von dieser Idee versuchte ich meine eigenen Fische. Sollten Sie keinen Ast mit einem kleinen Seitenast haben, um daraus die Rückenflosse zu machen, so können Sie dafür auch einen separaten Ast verwenden.

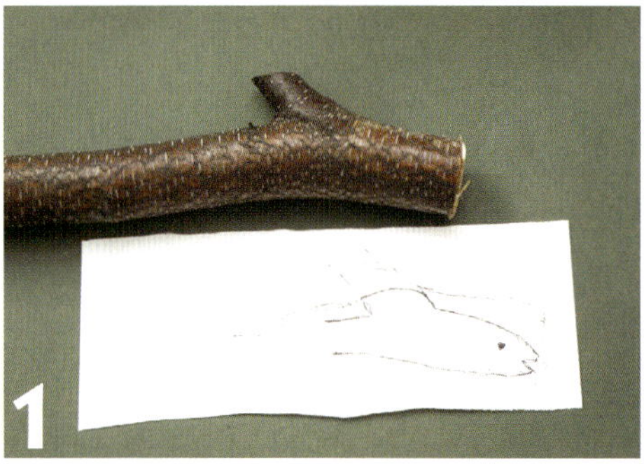

Beginnen Sie möglichst mit einem Astrohling, der eine schöne Rückenflosse abgibt. Zunächst machen Sie eine kleine Skizze.

Nehmen Sie vom gesamten Ast die Rinde ab.

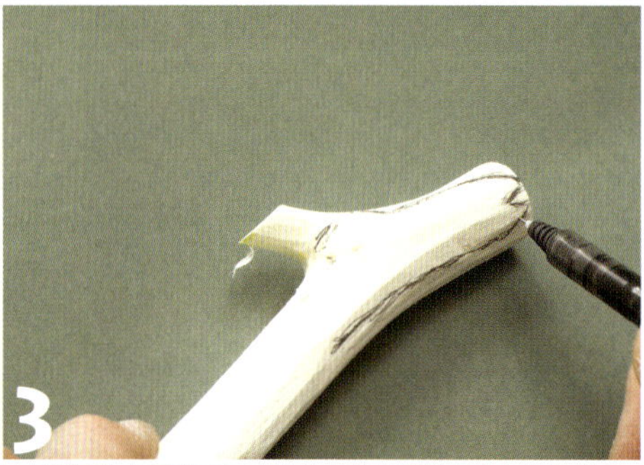

Skizzieren Sie die Umrisse des Fisches.

Tragen Sie das Holz jenseits der Linien ab.

DIE BESTEN KÖDER

Schöne geschnitzte Fische! Wenn man Hunger hat, nutzen sie leider nicht wirklich. Hier sind einige Tips, die Ihnen beim Fangen echter Artgenossen helfen können.

Welchen Köder Sie nehmen, hängt immer stark davon ab, wo Sie fischen und welche Art Fische Sie fangen wollen. Die folgende Tabelle zeigt Ihnen gebräuchliche Köder und welche Art von Fischen man mit ihnen fängt. Prüfen Sie immer zuerst die Angelvorschriften, bevor Sie fischen, und achten Sie darauf, daß Ihr Köder für Ihren Angelplatz zugelassen ist.

Köder	Vorkommen	Typischer Fangfisch
Würmer	Frischwasser	Barsch, Wels, Kleinbarsche
Blutegel	Frischwasser	Barsch
Elritzen	Frischwasser	Sportfisch
Flußkrebs	Frischwasser	Forelle, Barsch, Wels
Grille	Frischwasser	Forelle, sonst. Kleinbarsche
Grashüpfer	Frischwasser	Forelle, sonst. Kleinbarsche
Aal	Salzwasser	Barsch
Krabbe	Salzwasser	Goldbarsch, Schnapper, Zackenbarsch
Garnele	Salzwasser	Sportfisch
Tintenfisch	Salzwasser	Makrele
Fischreste	Salzwasser	Thunfisch

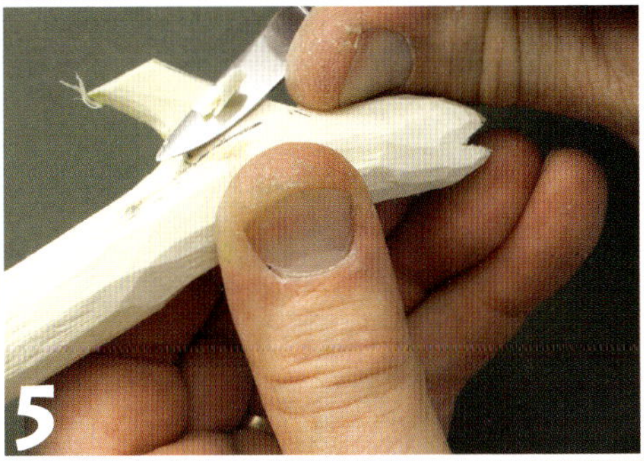

Schneiden Sie die Rückenflosse konisch zu.

Zeichnen Sie den oberen Rand der Rückenflosse ein, und schneiden Sie ihn zu.

Schleifen Sie den ganzen Fisch glatt.

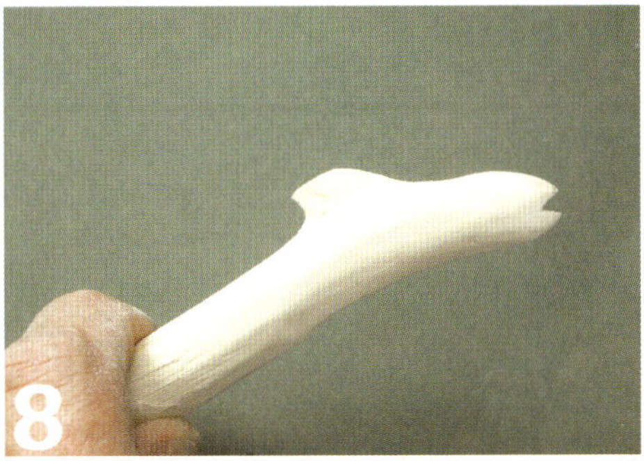

So weit sind wir nun.

Wie man Köder am Haken befestigt

Würmer: Führen Sie den Haken an mehreren Stellen durch den Wurm.

Blutegel: Führen Sie den Haken durch das Maul.

Elritze: Führen Sie den Haken durch Ober- und Unterlippe, durch den Schwanz oder durch den Rücken.

Flußkrebs: Führen Sie den Haken durch den Schwanz.

Insekten: Führen Sie den Haken durch den Hinterleib.

Aal: Führen Sie den Haken durch Augen oder Lippen.

Krabbe: Schneiden Sie sie in Stücke, und führen Sie den Haken durch die Stücke.

Garnele: Können Sie tot oder lebend verwenden. Führen Sie den Haken durch den Schwanz, oder verwenden Sie Garnelenstücke.

Tintenfisch: Führen Sie den Haken durch den Kopf.

Fischstücke: Achten Sie darauf, den Haken durch die Haut zu führen.

Kleiner Tip: Schnelles Jägeressen: Kartoffeln, Hamburger und Möhren mit Salz, Pfeffer und Butter in Folie einwickeln.

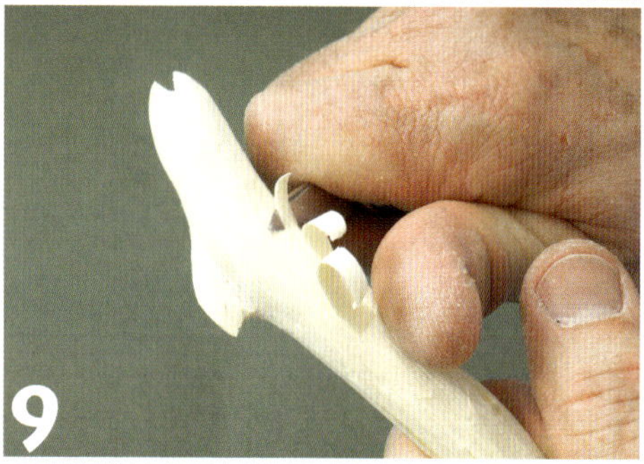

Mit der Spitze Ihrer kleinen Klinge schneiden Sie ziehend kleine Späne rund um den Fisch, ohne sie abzutrennen (diese Technik nennt man »Spänen«. Aus den kleinen Spänen und Locken wird das aufspritzende Wasser.

Mit vier kleinen nach vorne gerichteten Schnitten machen Sie die anderen kleinen Fischflossen. Sie heben einen kleinen Span nur ganz leicht an, um die Flosse anzudeuten.

Ab hier sind Sie wieder frei. Sie können das Holz zum Beispiel gerade hinter dem Spritzer abschneiden und es auf einem quer zur Faser geschnittenen Holzstück mit deutlich sichtbaren Jahresringen montieren. Die Ringe imitieren die konzentrischen Kreise, die vom Spritzer herrühren. Je nach Fischart müssen Sie natürlich noch weiter formen und zu Ende bearbeiten.

Gartips für Forellen

- Braten Sie Forellen bei mindestens 163 °C.
- Frische Forellen immer innerhalb von höchstens zwei Tagen verwenden.
- Forellen beim Braten nicht näher als 10 cm an die Hitzequelle kommen lassen.
- Forelle ist gar, wenn sie sich mit der Gabel leicht zerlegen läßt.

Ein einfaches Forellenrezept

Zutaten:

- eine frische Forelle
- 2 Scheiben Frühstücksspeck
- eine große, gehackte Zwiebel
- ein Teelöffel Butter
- Pfeffer und Salz

Sobald der Fisch gereinigt und ausgenommen ist, abspülen und trocken tupfen. Innen mit Butter bestreichen, nach Geschmack pfeffern und salzen (eventuell noch weitere Gewürze hinzufügen) und mit der Zwiebel füllen. Auch die Außenseite mit Butter bestreichen; mit 2 Scheiben Frühstücksspeck umwickeln. Den Fisch in Alufolie wickeln und ca. 10 Minuten auf den Grill oder direkt auf die Kohlen legen.

BLUME

MATERIAL:

- Messer
- Geradfaseriges Holz Ihrer Wahl
- Schleifpapier – unterschiedliche Körnungen von fein bis sehr fein (Körnung 150 und 220 sind in Ordnung)
- Polyurethan oder anderen Klarlack Ihrer Wahl (falls gewünscht)
- Bleistift, Kugelschreiber oder Marker
- Öl- oder Acrylfarben Ihrer Wahl und CA-Kleber (falls gewünscht)

Über die Jahre habe ich Tausende von kleinen Blumen geschnitzt. Die meisten habe ich einfach verschenkt. Früher warf ich kleine Holzabfälle immer weg, dabei kann man aus jedem einzelnen eine vollständige Blume machen, mit Blütenblättern, Stengel und Blättern.

So eine Blume zu schnitzen, ist wirklich nichts Besonderes. Viele tun es. Ich zeige Ihnen, wie ich daraus ein schnelles Projekt mache; eines, das Sie ausweiten und vielfältig einsetzen können.

Die meisten Blumen dieser Art, die ich bisher gesehen habe, sind etwas größer, als ich sie mache. In der Regel schnitzt man die Blume und schneidet sie ab; dann setzt man einen kleinen Stengel in ein kleines, von unten in die Blume gebohrtes Loch. Meine Blumen fertige ich komplett aus einem Holzstück, meist einem dünnen, feinporigen Zweig oder Ast. Die Äste sollten relativ gerade sein, nicht zu viele Aststellen und etwa 1,5 mm bis 6 mm Durchmesser haben. Da Feuchtigkeit einen großen Einfluß auf die Blütenblätter hat, sollte das Holz in einem Zustand zwischen frisch und völlig trocken sein. Ein frisch geschnittener Ast trocknet relativ schnell, meistens schon in wenigen Stunden, wenn Sie ihn entrinden.

1

Acht kleine Rohlinge. Ich schätze, man kann aus ihnen 18 bis 20 Blumen machen, komplett mit Stengeln und Blättern.

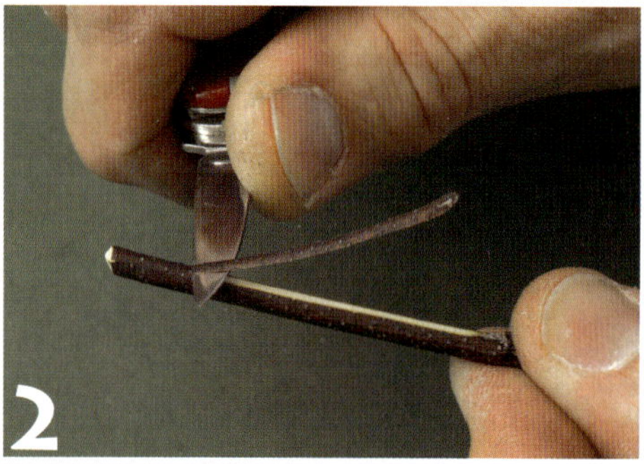

2

Schälen Sie die Rinde mit langen, geraden Schnitten ab. (Manche Schnitzer lassen die Rinde am Zweig, um dem äußeren Ring der Blumenblätter ein anderes Aussehen zu geben. Falls Sie das auch möchten, achten Sie darauf, daß Ihr Holz fest sitzende Rinde hat, damit sie beim Trocknen der Blume nicht einfach abfällt.)

Finger weg von dreiblättrigem Laub!

Juckreiz beim Campen vermeiden Sie am besten, wenn Sie die giftigen Pflanzen (der USA) kennen. Giftefeu und Gifteiche (Poison Ixy und Poison Oak) haben beide dreiblättriges Laub; der Efeu hat die bekannten tropfenförmigen Blätter und Eiche das typische Eichenlaub. Suchen Sie versetzt angeordnete Blätter an den Blattstengeln (Blätter, die sich am Stengel nicht direkt gegenüber liegen). Giftiger Sumach hat 7 bis 13 Blätter an jedem Stengel; achten Sie auch auf glatte Blattränder und weiße hängende Beeren. Sumach liebt feuchten Boden; um Risiko zu vermeiden, halten Sie sich von Sumpfgebieten fern. Meiden Sie generell weiße Beeren, und Sie sind vor den meisten giftigen Pflanzen in Ihrer Umgebung sicher. (Giftefeu, Gifteiche und Giftsumach gibt es auch in einigen botanischen Gärten in Deutschland, also Vorsicht!) Gemäß der *American Academy of Dermatology* reagieren 85 % aller Menschen auf giftigen Efeu, Eiche oder Sumach allergisch. Kommen Sie mit einer solchen Pflanze in Kontakt, befolgen Sie diese Regeln:

1. Reinigen Sie die Haut durch Einreiben mit Alkohol.
2. Waschen Sie sich mit Wasser.
3. Duschen Sie mit Wasser und Seife (Merke: erst jetzt die Seife verwenden, um zu vermeiden, daß das Gift auf die Seife übertragen wird).
4. Schuhe, Kleidung und alles waschen, was mit Alkohol und Wasser in Berührung gekommen ist. Tragen Sie Handschuhe, um weiteren Kontakt zu vermeiden.

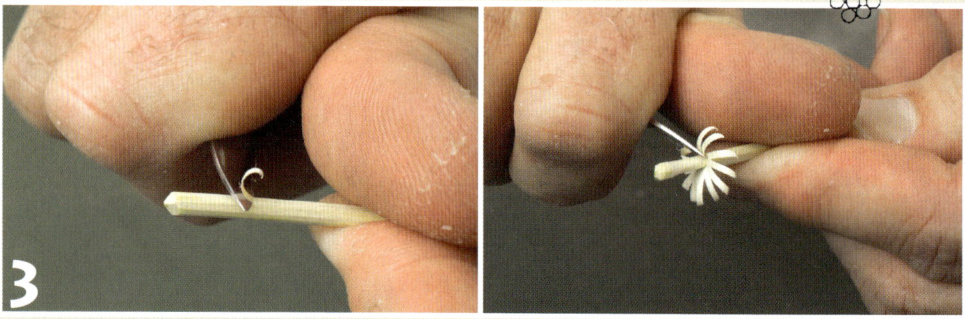

3

Spänen und krümmen Sie mit der Spitze der kleinen Messerklinge den ersten Kranz Blütenblätter rund um den Zweig. Schneiden Sie stets bis auf die gleiche Tiefe.

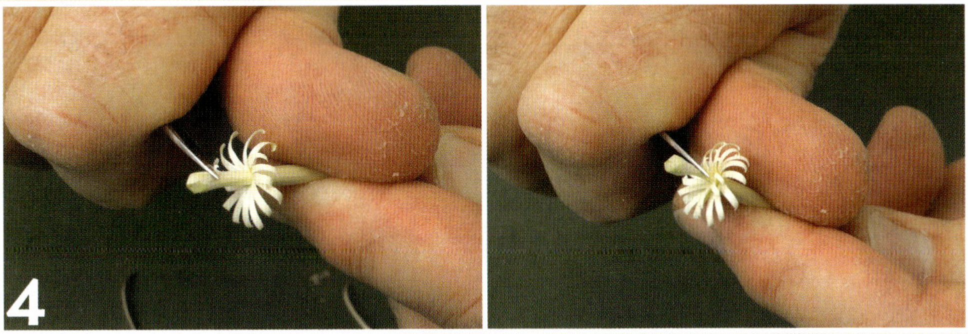

Spänen Sie darüber einen oder zwei weitere Blütenblattkränze. Schnitzen Sie den zweiten Blütenblattkranz möglichst versetzt zum ersten.

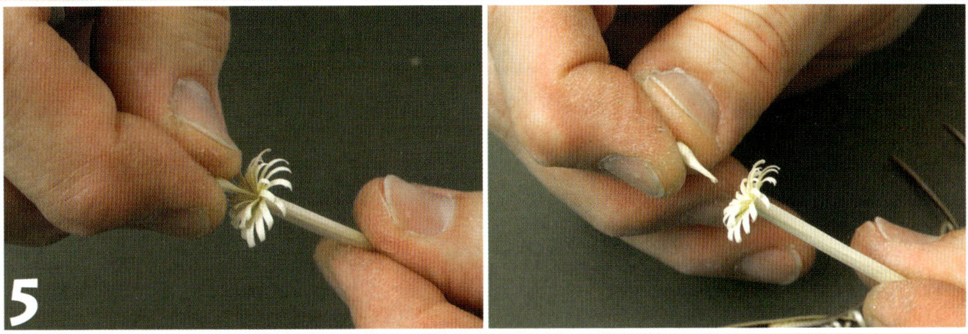

Drehen Sie den kleinen in der Mitte verbliebenen Stiel aus.

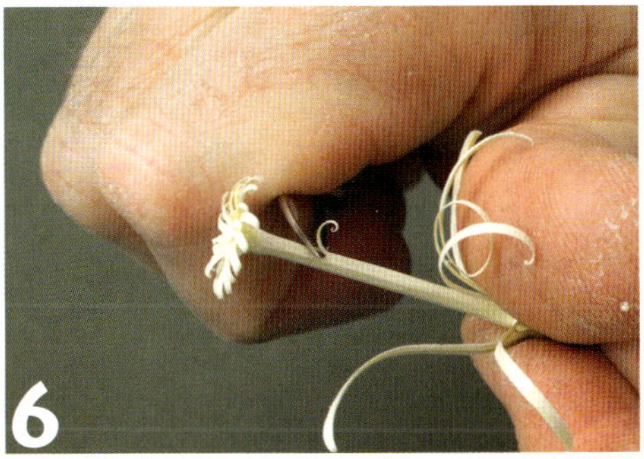

Verjüngen Sie den Stengel, und bringen Sie ihn zur Blüte in die richtige Relation. (Sie können den Stengel natürlich auch dick belassen. So erhalten Sie eine kleine Palme!)

Vermeiden Sie giftige Pflanzen

Als Faustregel sollten Sie Pflanzen mit einem der folgenden Merkmale meiden:

- Milchiger Saft.
- Bohnen, Zwiebeln oder Samen in Hülsen.
- Pflanzen mit bitterem oder seifigem Geschmack.
- Stachel, feine Härchen oder Dornen.
- Blattwerk ähnlich wie Dill, Möhren, Pastinake oder Petersilie.
- Mandelgeruch an Holz oder Blättern.
- Dreiblättriges Laub.

Übrigens: Der *Washington Beacon Rock*-Nationalpark ist bekannt für seine einzigartigen Felsformationen.

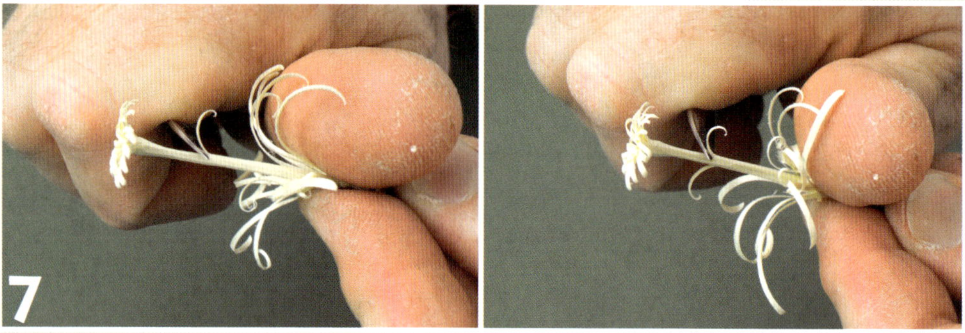

Schnitzen Sie noch zwei kleine Späne zu Blättern.

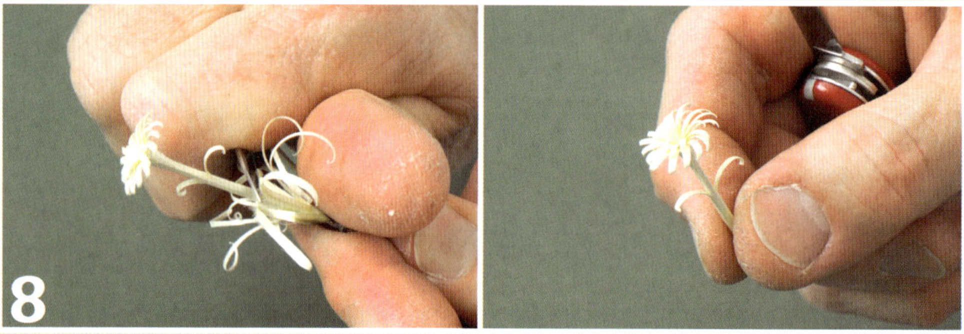

»Versäubern« Sie den unteren Teil des Stengels. Zupfen und positionieren Sie die Blütenblätter nach Belieben. Sie sind wirklich sehr robust und nicht nachtragend. Nun fehlen nur noch die abschließenden Handgriffe: Bemalen, Montage, »Einpflanzen« und was Ihnen sonst noch so einfällt. Rinden- oder Mulchstückchen geben schöne natürliche Böden ab.

Baum

Material:

- Messer
- Geradfaseriges Holz Ihrer Wahl
- Schleifpapier – unterschiedliche Körnungen von fein bis sehr fein (Körnung 150 und 220 sind in Ordnung)
- Bleistift, Kugelschreiber oder Marker
- CA-Kleber

Zwar erfordert dieses Schnitzprojekt einige Konzentration, aber es macht großen Spaß, und viele Leute schnitzen einen solchen Baum wirklich gerne. Jedes Exemplar, das ich je zum Verkaufen geschnitzt habe, hat einen Käufer gefunden. Dieser Miniaturbaum ähnelt den europäischen Bäumen, aber er ist doch völlig anders. Zum Beispiel verlaufen die Äste spiralförmig von oben nach unten und befinden sich nicht etagenweise jeweils auf derselben Höhe am Stamm. Für diesen Baum brauchen Sie unbedingt einen geraden Ast ohne jedwede Aststelle.

Entfernen Sie mit langen, geraden Schnitten die gesamte Rinde. (Kurze hackende Schnitte machen das Schneiden ungleichmäßig und schwer steuerbar.)

Spitzen Sie die Astspitze an, so wie man früher einen Bleistift spitzte.

Stützen Sie den Daumen der Hand, die die Klinge hält, auf den (die) Finger der Hand, die den Ast hält, und schneiden Sie ziehend mit sehr kleinen, kontrollierten Schnitten in Richtung Spitze.

Die zwölf beliebtesten Nationalparks der USA

(in alphabetischer Reihenfolge)

Ein Baum ist ein gutes Schnitzprojekt, doch ein echtes Exemplar ist ungleich besser! Besuchen Sie die Parks, um dort die wunderschönen lebenden Bäume und andere Wunderwerke der Natur zu bestaunen. Möchten Sie in einem State Park oder Nationalpark schnitzen, müssen Sie sich vorher über die innerhalb der Parkgrenzen herrschenden Vorschriften zur Nutzung von Holz schlau machen.

- Acadia National Park, Maine
- Bryce Canyon National Park, Utah
- Death Valley National Park, Kalifornien
- Denali National Park, Alaska
- Everglades National Park, Florida
- Glacier Bay National Park und Reservat, Alaska
- Grand Canyon National Park, Arizona
- Grand Teton National Park, Wyoming
- Great Smoky Mountains National Park, Tennessee und North Carolina
- Rocky Mountain National Park, Colorado
- Yellowstone National Park, Wyoming
- Yosemite National Park, Kalifornien

Bären füttern verboten!

In Nationalparks können Bären, die menschliche Nahrungsmittel kennengelernt haben, sehr gefährlich werden. Oberstes Gebot für einen Nationalparkbesucher ist daher, keines der wildlebenden Tiere zu füttern. 1998 brachen Bären im Yosemite Nationalpark über 1300 geparkte Fahrzeuge auf und verursachten Schäden in Höhe von über 630 000 Dollar. Im Jahr 1999 sank die Zahl der durch Bären verursachten Aufbrüche aufgrund der Aufklärungsarbeit der Ranger gegenüber Besuchern auf 318.

Halten Sie sich vor Augen, daß das Füttern eines Bären sowohl für den Menschen als auch für den Bären nicht gut ist. Häufig müssen Bären, die beim Versuch, an menschliche Nahrung heranzukommen, zur Gefahr werden, erschossen oder umgesiedelt werden. Die Möglichkeit, an menschliche Nahrung zu gelangen, stört ihre natürlichen Instinkte.

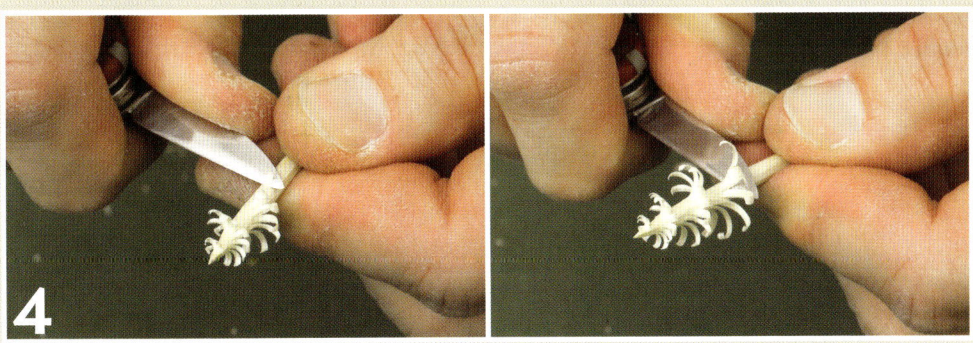

Jeder kleine Ast wird etwas länger als der vorherige.

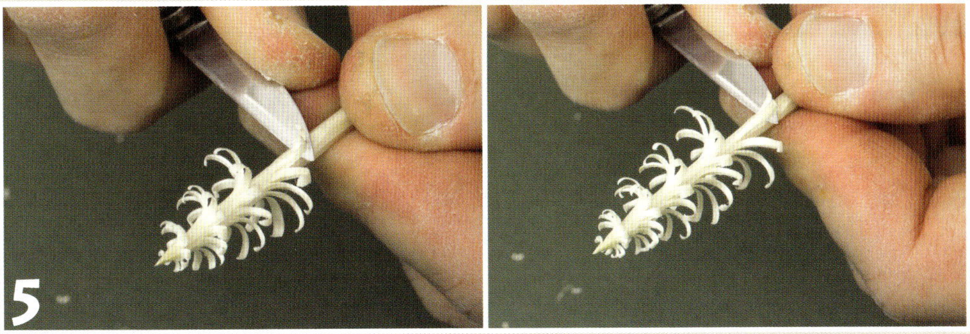

Vergessen Sie nicht: Immer den Daumen, der die Klinge hält, zumindest gegen den Zeigefinger der Hand stützen, die das Holz hält. Arbeiten Sie nicht mit Abstützen und Bremsen und schneiden stattdessen »freihändig«, kann es durchaus passieren, daß Sie die Kontrolle verlieren und mehrere bereits fertige Äste abschneiden! In der Regel mache ich die letzten Äste auf meinem Weg nach unten etwas kürzer.

Verstärken Sie die Astunterseiten mit ein wenig CA-Kleber. Der Kleber zieht ein und versteift sie.

Schneiden Sie den Baum unten gerade ab.

Übrigens: Besuchen Sie den *Monahans Sandhills State Park* in Westtexas zum Sandsurfen auf den Dünen.

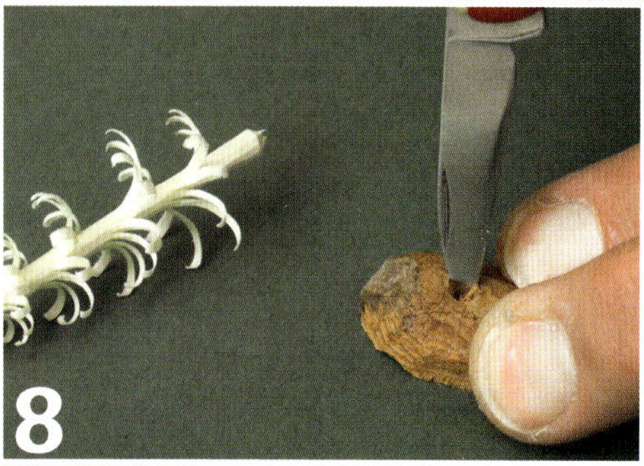

Machen Sie in eine kleine Rindenunterlage ein Pflanzloch.

Kleben Sie den Baum fest, und prüfen Sie aus allen Blickrichtungen, ob er gerade steht.

Drei Bäume sind fertig geschnitzt! Fehlen nur noch Baumschmuck und Kerzen.

Wie Sie Tiere von Ihren Nahrungsmitteln fernhalten

Wann immer Sie campen, müssen Sie überlegen, wo Sie Ihre Nahrung aufbewahren, damit wildlebende Tiere Ihren Zeltplatz nicht nach Eßbarem durchsuchen. Berücksichtigen Sie die folgenden Regeln, und ergänzen Sie sie um die Ratschläge von Rangern und anderen Autoritätspersonen auf dem Zeltplatz.

- Lassen Sie Ihre Nahrungsmittel, auch wenn sie sich im Rucksack befinden, niemals unbeaufsichtigt.
- Räumen Sie Ihren Rucksack aus, und lassen Sie nachts alle Taschen und Fächer offen. Auf diese Weise können nächtliche Besucher herumschnüffeln, ohne in Versuchung zu kommen, Ihre Ausrüstung zu zernagen oder zu zerfetzen, um zu sehen, was darin ist.
- Kochen und bewahren Sie Ihr Essen mindestens 30 m von Ihrer Schlafstelle entfernt auf. Lagern Sie Eßbares in luftdichten Behältern, damit die Tiere keine Witterung aufnehmen können. Alles, was stark riecht, wie Puder, Salben, Zahnpasta, Sonnencreme, Insektenspray oder Lotion sollten Sie zusammen mit den Nahrungsmitteln aufbewahren, da fremde Gerüche auf Tiere anziehend wirken. Das Vorratslager sollte sich möglichst auf der dem Wind abgekehrten Seite Ihres Zeltplatzes befinden.
- Benutzen Sie die eventuell vorhandenen bärensicheren Kisten und Aufhängevorrichtungen.
- Wechseln Sie die Verstecke. Tiere haben Gewohnheiten und kommen auf ihrer Nahrungssuche immer an die gleichen Stellen zurück. Meiden Sie auch Bäume, die jemand anders bereits vor Ihnen benutzt hat.
- Halten Sie Ihren Zeltplatz sauber. Die beste Möglichkeit, um zu verhindern, daß Tiere Ihr Camp inspizieren, besteht darin, ihnen keinen Anreiz zu geben, sich zu nähern oder zu verweilen.
- Wildlebende Tiere niemals füttern.

Kanu

Material:

- Messer
- Geradfaseriges Holz Ihrer Wahl
- Schleifpapier – unterschiedliche Körnungen von fein bis sehr fein (Körnung 150 und 220 sind in Ordnung)
- Polyurethan oder anderen Klarlack Ihrer Wahl (falls gewünscht)
- Bleistift, Kugelschreiber oder Marker
- Meißel oder Schraubendreher
- CA-Kleber

Meine Liebe zum Kanu entwickelte sich auf ganz natürliche Weise. Mein aus Brooklyn/New York stammender Vater und meine aus Hays in Kansas stammende Mutter zogen mich in den »wilden« Teilen Brasiliens und Perus auf. Ich lernte in unmittelbarer Nähe von Alligatoren und Piranhas schwimmen und verbrachte viele glückliche Stunden auf Bäumen und in verschiedensten Flugzeugen, Motorbooten und Einbäumen. Wir Kindern schwammen oder fuhren mit dem Kanu im *Rio Ucayali*; nicht selten fuhren wir auf Barkassen mit, die den üblen Geruch Hunderter und Aberhunderter eingesalzener Alligatorhäute verbreiteten. Tom Sawyer und Huck Finn hatten uns wirklich nicht viel voraus!

Das obere Kanu ähnelt den Einbäumen, in denen ich als Kind in den frühen 50er Jahren auf dem Ucayali River in den östlichen Dschungeln Perus paddelte. Die beiden unteren Kanus haben mehr oder weniger die Form eines normalen nordamerikanischen Kanus.

Wir verwenden den dickeren dieser beiden Äste und schnitzen ein Kanu wie das hier abgebildete.

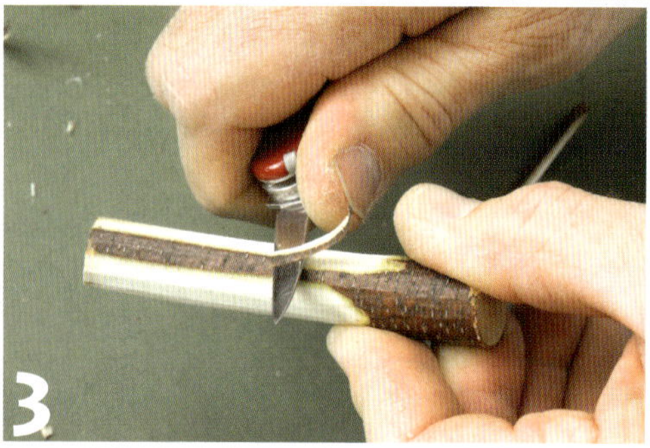

Entfernen Sie überall die Rinde vom Ast.

Zeichnen Sie das Seitenprofil des Kanus auf.

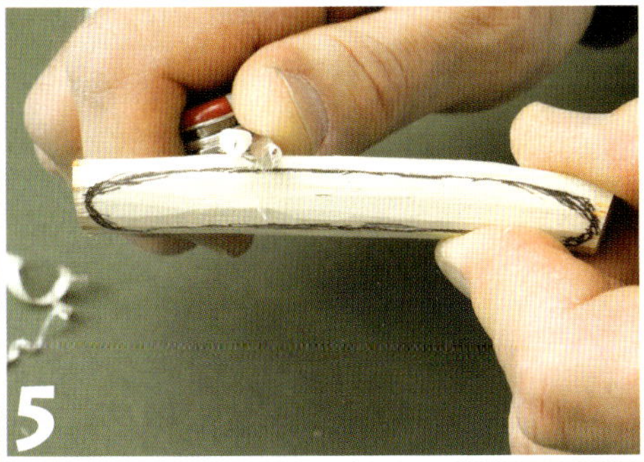

Beginnen Sie mit der Ausformung des Kanus, indem Sie den Boden abflachen und an den Enden hocharbeiten.

Zeichnen Sie das Kanuprofil in der Draufsicht auf.

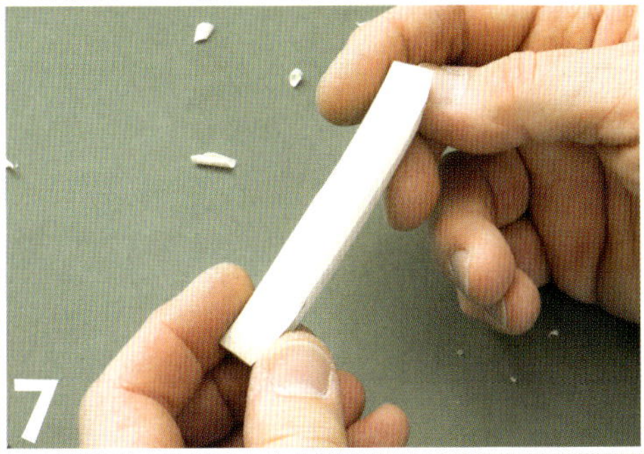

Lassen Sie die beiden Enden spitz zulaufen. Sie haben nun natürlich die Linien des Seitenprofils weggeschnitten.

Zeichnen Sie das Seitenprofil wieder auf.

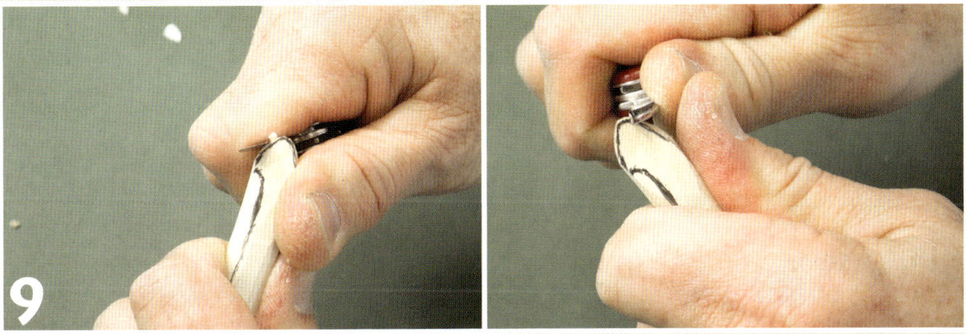

Schnitzen Sie die beiden Enden des Kanus entlang der Linien.

Kleiner Tip: Leere Tetra-Packs nicht wegwerfen, sondern zerschneiden und zum Anzünden verwenden!

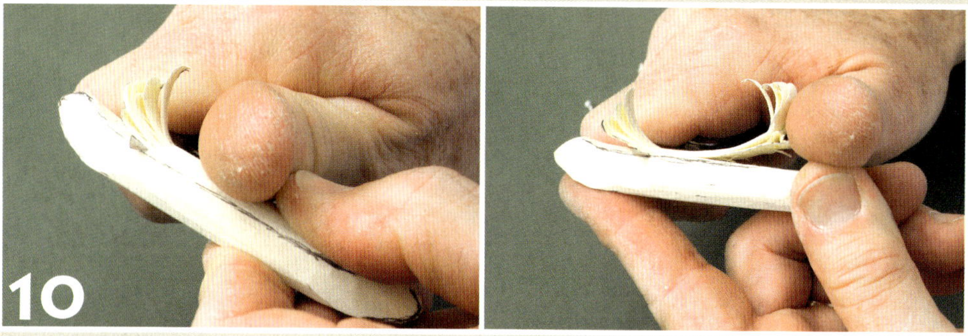

Die Kanuoberseite formen Sie aus, indem Sie von beiden Enden zur Mitte schneiden.

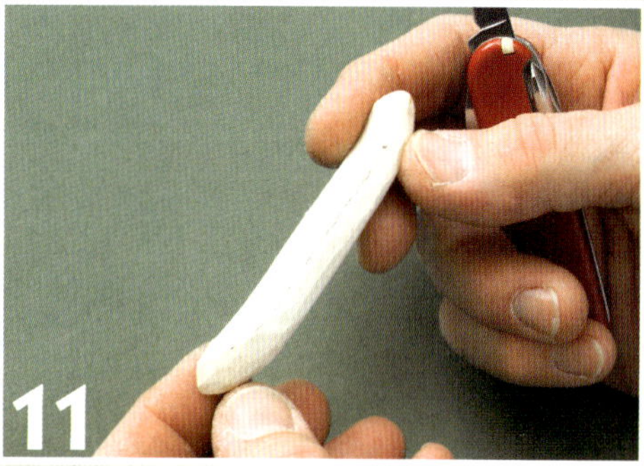

Unsere bisherige Leistung.

Bodenrundungen nacharbeiten und schön kegelförmig sich verjüngend in die Spitzen auslaufen lassen.

Kanu-Camping ist eine Kombination aus Camping und Kanufahren

Sie benötigen daher Spezialausrüstung, welchen Ausflug Sie auch unternehmen wollen. Folgende Dinge sollten Sie dabei haben.

- Ersatzkleidung – Da man leicht naß wird, ist Ersatzkleidung ein Muß.
- Schwimmweste – Mindestens eine pro Person sowie einige Ersatzschwimmwesten.
- Erste-Hilfe-Kasten – Immer eine gute Idee; persönliche Medikamente nicht vergessen.
- Angellizenz und -ausrüstung – Ist Angeln an Ihrem Reiseziel erlaubt, Ausrüstung nicht vergessen.
- Wasserfeste Kleidung – Regenkleidung ist ein Muß, um trocken zu bleiben.
- Insektenabwehrmittel – In Gewässernähe gibt es oft mehr Insekten als anderswo; decken Sie sich mit reichlich Insektenabwehrmittel ein.
- Paddel und Paddelhandschuhe – Auch Ersatzpaddel und Ersatzhandschuhe mitnehmen.
- Rettungsausrüstung – Sollte zumindest ein Seil und eine Ersatzschwimmweste beinhalten.
- Wasserfestes Kartenmaterial – Eigene Karten mit entsprechenden Mitteln versiegeln.
- Schöpfeimer oder Bilgen- oder Lenzpumpe – Für den Notfall.
- Brillenbänder für Sonnenbrille und normale Brille – Verhindern, daß Sie sie verlieren. Ebenfalls eine gute Idee ist eine Ersatzbrille.
- Kanuträger für das Fahrzeug – Zum Transport.
- Radio – Um über Unwetterwarnungen auf dem Laufenden zu sein.
- Wäscheleine – Zum Trocknen naßer Kleidung.
- Campingkocher – Für die leckeren Camping-Rezepte, insbesondere, falls offenes Feuer verboten ist.
- Trinkwasser – Insbesondere, wenn das Flußwasser nicht trinkbar ist.
- Wasseraufbereitungstabletten oder -pulver – Zur eventuellen Aufbereitung von Flußwasser.

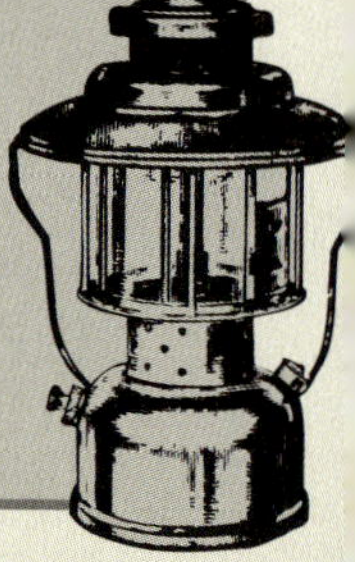

Mit feinem Schleifpapier das gesamte Boot glätten.

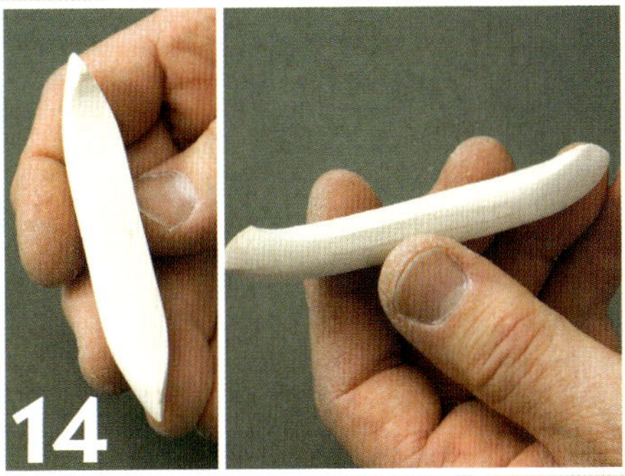

Ansicht des Bootes von oben und von der Seite bis zum jetzigen Arbeitsstand.

Planung eines Kanu-Camping-Trips

Kanu-Camping macht jede Menge Spaß; versuchen Sie es nur nicht mit einem der soeben fertiggestellten Boote! Diese Sonderform des normalen Campings verlangt dem Camper aufgrund der Zusatzaktivität Kanufahren etwas mehr ab. Berücksichtigen Sie deshalb einige der folgenden Tips, bevor Sie sich ins Geschehen stürzen.

- Packen Sie alles, was wirklich greifbar sein soll, in eine separate Tasche. Diese Dinge sind schnell zur Hand, wenn Sie zu einem Tagesausflug starten oder abreisen und nicht in den größeren Taschen herumsuchen wollen.
- Vergewissern Sie sich, daß Ihre Spezialausrüstung für das Kanu vollständig ist, und versiegeln Sie alles, was mit Wasser in Berührung kommen kann (z. 0B. Kartenmaterial).
- Natürlich muß auch Ihre Campingausrüstung startklar sein. Mit separaten Checklisten für Camping- und Kanuausrüstung sowie andere Kategorien sind Sie garantiert perfekt vorbereitet.
- Planen Sie Ihren Nahrungs- und Essensbedarf auf der Basis dessen, was vor Ort vorhanden ist und nach Ihrem persönlichen Geschmack. Nahrungsmittel, die nicht viel Abfälle und Verpackung verursachen, tragen zur Sauberkeit des Zeltplatzes bei. Bringen Sie in Erfahrung, ob offenes Feuer erlaubt ist, und nehmen Sie für alle Fälle eine alternative Kochgelegenheit mit.
- Beim Kanu-Camping müssen Sie eine Menge Ersatzkleidung und Kleidung für alle Wetterlagen dabei haben – genial ist der »Zwiebellook«. Packen Sie entsprechend. Machen Sie sich über das typische Wetter in Ihrer Campinggegend schlau, und planen Sie Extreme von bis zu +/– 10 Grad ein. Unterkühlung ist bei kaltem und regnerischem Wetter gefährlich.

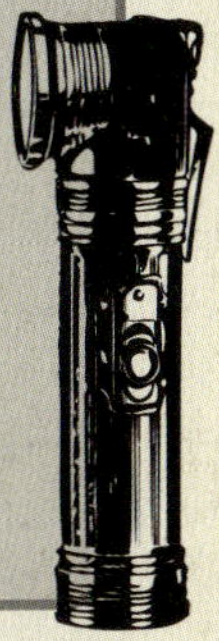

Einzeichnen der Bootsinnenwand.

Machen Sie eine Pause. Sie haben zwar noch eine Menge mit der Messerklinge zu tun, aber es gibt praktisch keine Möglichkeit, den Boden des Kanuinneren ohne einen kleinen Meißel abzuflachen. Da ich solches Werkzeug nicht hatte, machte ich mir selbst eines aus einem kleinen Schraubendreher.

Übrigens: Im *Kartchner Caverns State Park* in Südost-Arizona sind phantastische Höhlenformationen zu sehen.

17

Mit Hilfe eines kleinen Schärfsteins und eines Streichriemens habe ich aus einem Schraubendreher einen passablen Meißel gemacht. Auf dem rechten Foto sehen Sie ihn im Profil.

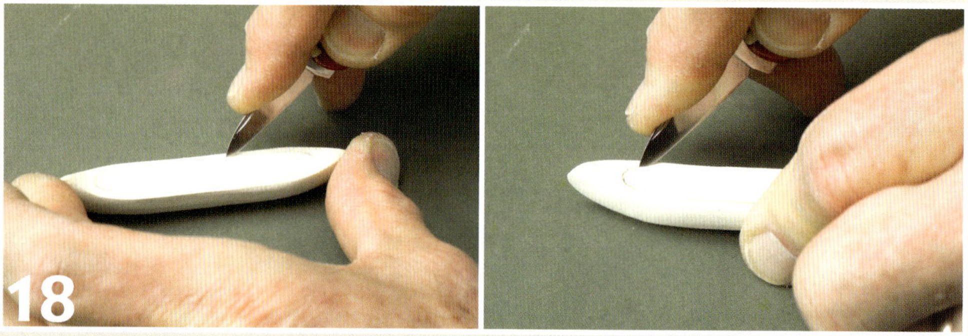

18

Schneiden Sie mit der Messerklingenspitze rund um die Kanu-Innenwand. Arbeiten Sie vorsichtig! Sie dürfen die Wand nicht durchschneiden.

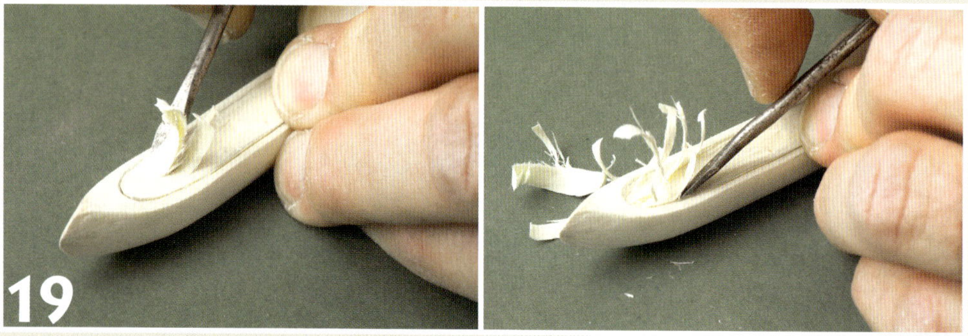

19

Beginnen Sie nun, das Innere mit dem Meißel von den Enden aus auszuhöhlen.

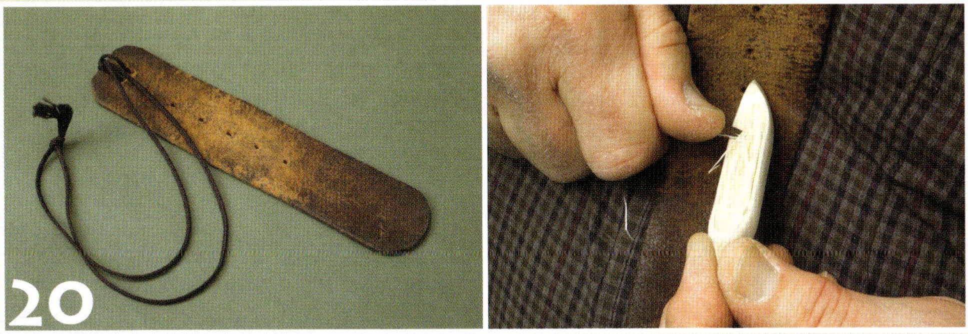

Falls Sie zum Körper hin schneiden möchten (und höchstwahrscheinlich werden Sie das auch tun), machen Sie sich aus einem Stück eines alten Ledergürtels einen kleinen Brustschutz. Nun können Sie kreuz und quer V-förmige Schnitte machen.

Entfernen Sie mit dem Meißel alle überflüssigen Späne.

Bearbeiten Sie die Innenwände anschließend mit der Messerklinge.

Raspeln Sie den Boden mit Ihrem kleinen Meißel so glatt wie möglich.

Wie man Flusswasser aufbereitet

Falls Sie aus irgendeinem Grund Flußwasser zum Trinken nehmen müssen, müssen Sie es vorher aufbereiten. Die beiden folgenden Vorgehensweisen sind die gebräuchlichsten.

- Wasser abkochen – Durch das Abkochen des Wassers werden fast alle lebenden Organismen, einschließlich Bakterien, Viren und Parasiten abgetötet. Das Wasser vor dem Trinken abkühlen lassen.
- Wasser behandeln – Mit Produkten in Tabletten- oder Pulverform können Sie Wasser aufbereiten, ohne es abkochen zu müssen.

Anmerkung: Mit keiner der beiden Methoden entfernen Sie chemische Verunreinigungen. Im Zweifel (chemische Verunreinigung können Sie sehen oder riechen) verwenden Sie das Wasser nicht.

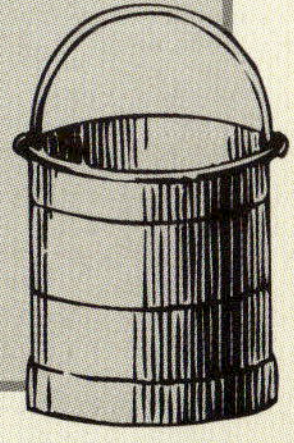

Kleiner Tip: Hamburger werden gleichmäßig gar, wenn man die Hackportionen jeweils in der Mitte eindrückt.

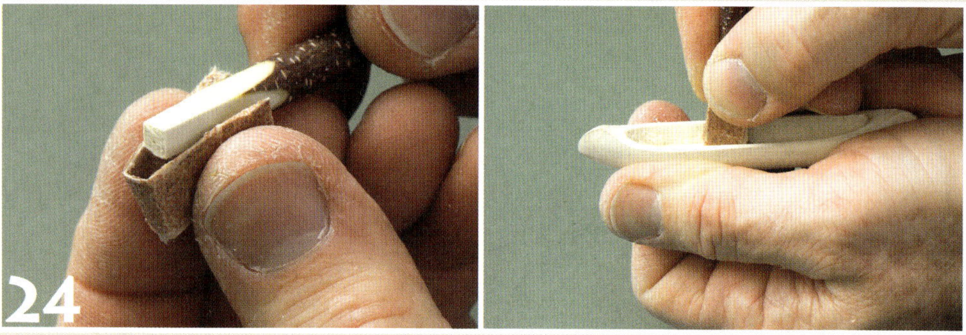

24

Mit einem rechtwinklig zurechtgeschnittenen Aststückchen und etwas Schleifpapier glätten Sie das Kanuinnere.

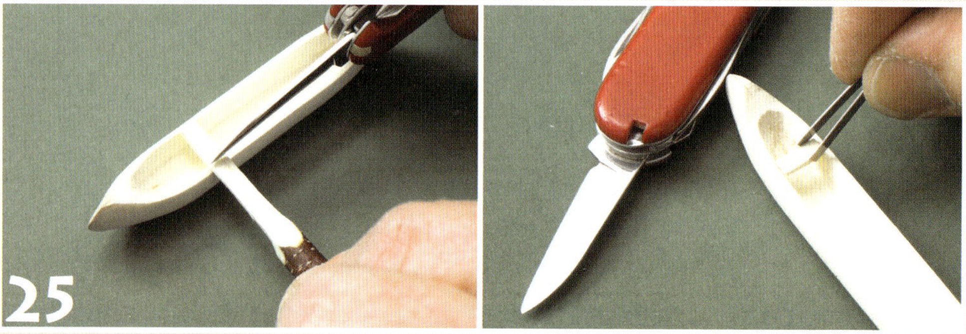

25

Schneiden Sie ein kleines »Brett« für die Sitze zurecht. Einsetzen und einkleben.

26

Nun müssen Sie nur noch zwei winzige Miniaturpaddel schnitzen und sie zwei winzigen Miniaturkanuten in die Hände drücken und auf geht's stromabwärts!

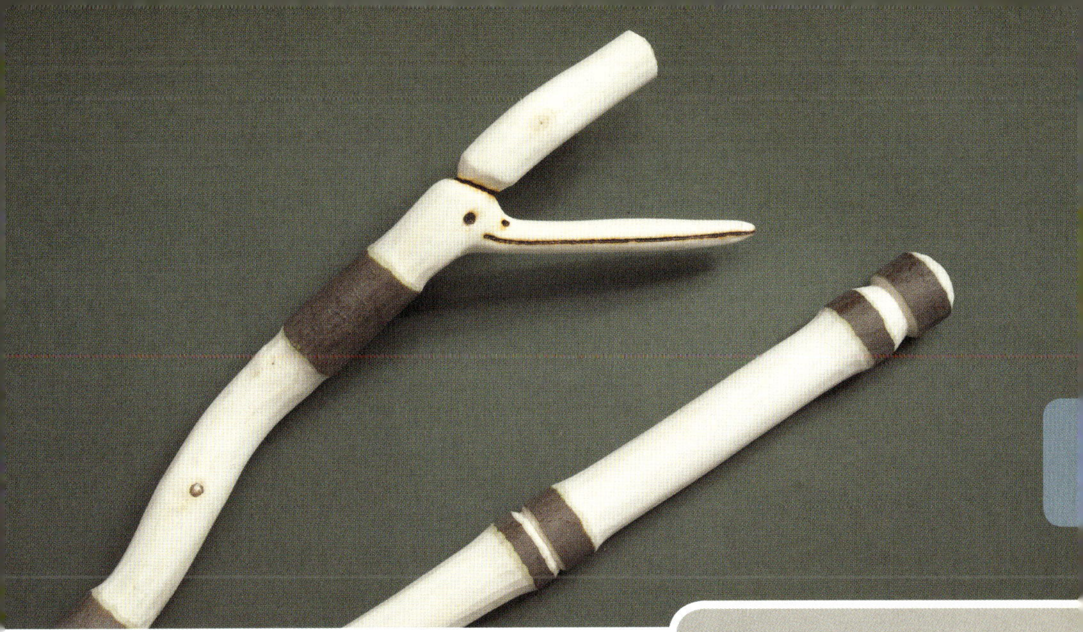

Spazierstock

Material:

- Messer
- Geradfaseriges Holz Ihrer Wahl
- Schleifpapier – unterschiedliche Körnungen von fein bis sehr fein (Körnung 150 und 220 sind in Ordnung)

Vor einigen Jahren wurde, um Platz für den Bau der *Sarasota*-Mittelschule in Florida zu schaffen, eine ganze Zitronenplantage abgeholzt. Die Bulldozer produzierten Berge von herrlichem Rohmaterial. (Zitrusholz eignet sich für diese Schnitzarbeiten hervorragend. Wenn Sie in Florida wohnen, halten Sie also immer die Augen nach hochschießenden Mittelschulen oder ähnlichem auf.) Aus diesen Stapeln gefällter Bäume und Äste habe ich viele Dinge geschnitzt. Die Krücke, die ich mir nach einem Basketballunfall als Hilfsmittel zum Laufen machte, war sicher eines der nützlichsten. Ich glaube, sie stammt aus genau demselben Holzstapel wie der wunderschöne Spazierstock, der derzeit in meinem Laden hängt.

Über Spazierstöcke wurden bereits ganze Bücher geschrieben. Ich halte mich hier in keiner Weise für einen Experten und möchte mich auch auf keinen Fall mit der großartigen Spazierstockliteratur messen. Was ich möchte ist, Ihnen einige einfache Projekte vorzuschlagen. Vielleicht machen sie Ihnen auf einem Stück Ihres »Weges« etwas Freude.

Vor kurzem kappte mein Nachbar einige seiner Ahornbäume. Ich glaube, alle diese Spazierstockrohlinge stammen aus dem riesigen Holzstapel in seinem Hof. Auch wenn keiner von ihnen ganz gerade ist (was auch nicht unbedingt erforderlich ist), so sind sie dennoch dick genug, um ein gutes Gewicht abzustützen. Achten Sie bei der Wahl des Holzes für Ihren Spazierstock darauf, daß das Holz hart und dick genug ist, um nicht zu brechen.

Hier sehen Sie die Griffstücke zweier Spazierstockrohlinge. Wir bearbeiten den geraden, den ich in der Hand halte.

Der Stock hat einen Durchmesser von 28 mm.

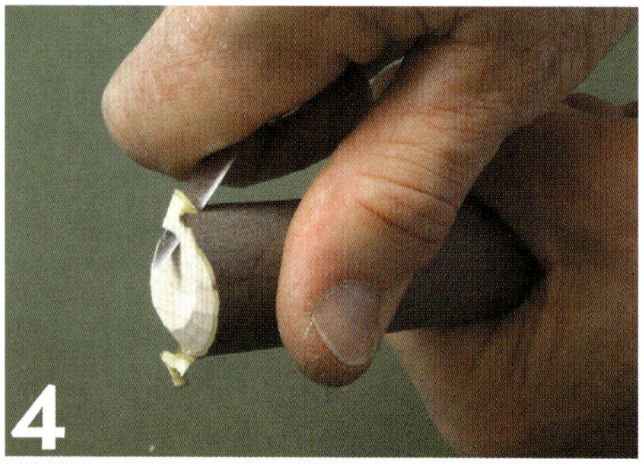

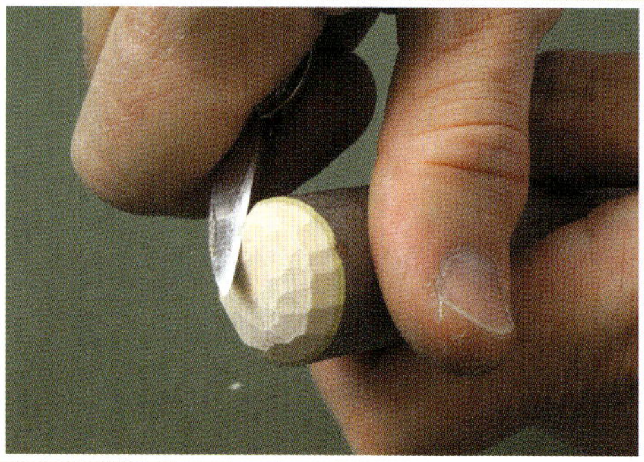

Runden Sie die Spitze des Griffs ab. Achten Sie bei diesen ziehenden Schnitten darauf, daß Ihr Daumen weiter unten am Ast liegt, damit das Messer, wenn es nach dem Abtrennen des Holzes mit Schwung weitersaust, an Ihrem Daumen keine kleine Operation vornimmt. Manche Leute arbeiten gerne mit Daumenschützern oder Klebeband. Ich persönlich tue dies nicht. Allerdings habe ich gelernt, meinen Daumen außerhalb des Gefahrenbereichs von sausenden und springenden Messerklingen zu halten.

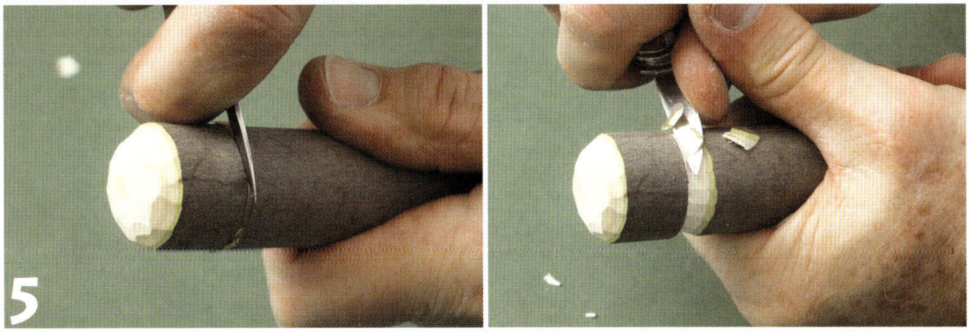

Erzeugen Sie mit einem etwas breiteren umlaufenden V-Schnitt, als Sie ihn beim Messer oder beim Gabelgriff gemacht haben, einen Knauf.

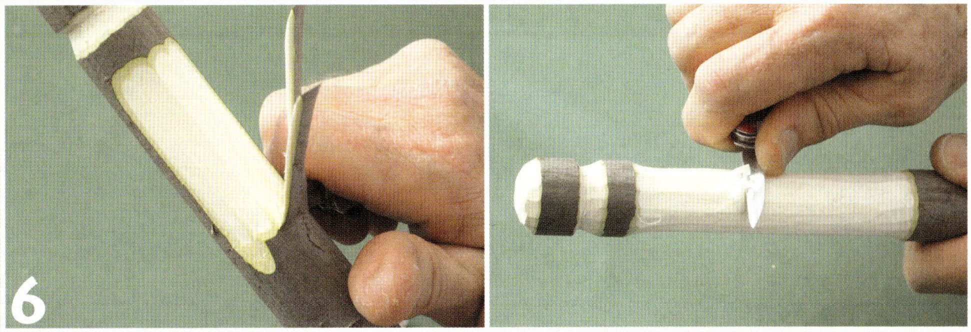

Entfernen Sie für den Handgriff die Rinde rund um den Ast unterhalb des Knaufs.

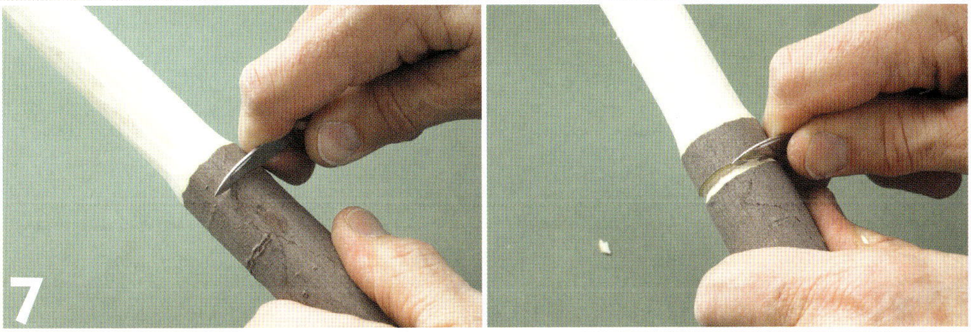

Schnitzen Sie unterhalb des Handgriffs einen weiteren Ring.

Kleiner Tip: Werfen Sie Apfelsinenschalen nicht einfach weg: Sie können in der Schale einer halben Apfelsine direkt im Feuer Eier kochen.

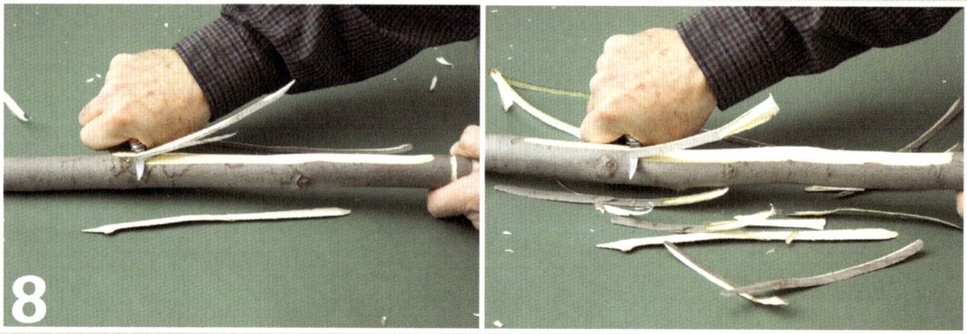

Lassen Sie etwas Rinde unterhalb des Rings stehen, und entrinden Sie den Rest des Spazierstocks (das geht viel einfacher, wenn das Holz noch frisch ist).

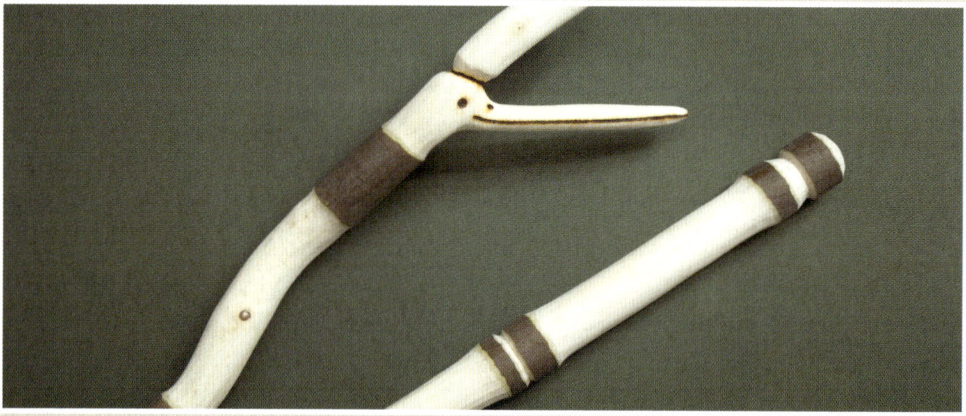

Hier sehen Sie die beiden Spazierstockgriffe unserer Ausgangsrohlinge.

Kleine Snacks für unterwegs

Hier kommen einige delikate Wandersnacks, die Sie mit einer Hand essen können, so daß Sie ihre andere am Spazierstock lassen können!

Der Wandererapfel

- 1 Apfel
- Erdnußbutter
- Raspelschokolade
- Rosinen
- Erdnüsse oder andere gemischte Nüsse

Das Kerngehäuse aus dem Apfel entfernen. Den Apfel mit Erdnußbutter und allen oder einzelnen der oben beschriebenen Zutaten füllen. In Plastikfolie wickeln und los geht's. Ein toller Snack…

MFU (Müsli für unterwegs)

Kann Rosinen, Erdnüsse oder auch Haferflocken enthalten. Achten Sie darauf, daß Sie auf Ihrer Wanderung reichlich dabei haben. Bereiten Sie aus den unten aufgeführten Zutaten Ihre Spezialmischung und geben sie in einen verschließbaren Plastikbeutel. Oder werden Sie kreativ und mischen ein beliebiges Rezept aus Nüssen, Kernen, Rosinen oder anderen Trockenfrüchten und Haferflocken. Hier einige Vorschläge:

Nußmüsli

- eine Tasse getrocknete, geröstete Nüsse
- eine Tasse getrocknete Früchte
- eine Tasse Schokolinsen
- eine Tasse geröstete Sonnenblumenkerne

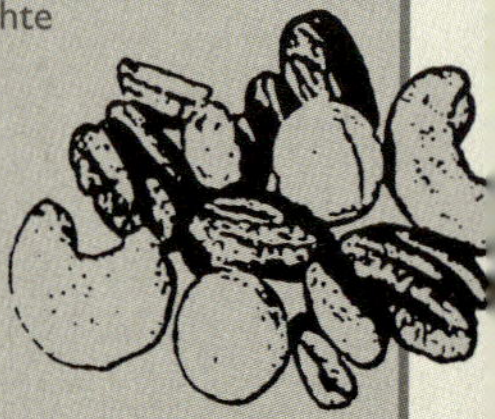

Cerealien-Müsli

- eine Tasse Cerealien
- eine Tasse Erdnüsse
- eine Tasse Schokolinsen
- eine Tasse Rosinen

Schleuder

Material:

- Messer
- Hartholzgabel mit relativ symmetrischer Gabel
- Schleifpapier – unterschiedliche Körnungen von fein bis sehr fein (Körnung 150 und 220 sind in Ordnung)
- Medizinschlauch guter Qualität
- ein Stück Leder
- Zahnseide

Wie bei Kanus, Bogen und Pfeilen, verschiedensten Fallen, Baumhäusern und Blasrohren zum Erbsenschießen (manchmal machten wir auch Lehmkügelchen, um sie durch unsere schönen, geraden Bambusröhrchen zu schießen) entwickelte sich mein Interesse an Schleudern von ganz allein. Wenn ich auch nicht auf alles stolz bin, was ich als Kind mit meinen Schleudern angestellt habe, so waren doch eine ganze Menge lustige und nützliche Dinge darunter; zum Beispiel verschafften sie mir manche unerreichbare Mango aus weiter Entfernung.

Das war natürlich eine Aufgabe für zwei Personen. Einer stand unter der riesigen, schönen, reifen Mango und der andere etwas abseits mit einer guten Schleuder und einer schönen, harten, grünen Guajava oder Palmnuß. Wichtig war natürlich, die Mango nicht zu treffen, was diese übel zugerichtet hätte. Das tatsächliche Ziel war der lange Stiel gerade oberhalb der Mango. Wurde dieser von der heranfliegenden »Kugel« durchtrennt, fiel die Mango geradewegs hinunter (hoffentlich) in die Hände des wartenden Fängers.

Hier sehen Sie Teile für eine 2005er Lubkemann, die Weiterentwicklung einer brasilianischen Schleuder der 1950er Jahre im Mato-Grosso-Stil: Eine Hartholzgabel mit recht symmetrischer Gabel, ein Medizinschlauch guter Qualität (seine Dicke hängt davon ab, wie stark Sie ziehen wollen), ein gutes Stück Leder für die Tasche und Zahnseide (jawohl Zahnseide! – ich verwende im allgemeinen gewachste). Hier muß ich zugeben, daß ich als Kind im Dschungel Gummistreifen aus alten Reifenschläuchen, abgenutzte Schuhlaschen und Schnur verwendete. Ich vermute, daß man heute keine echten Gummischläuche mehr findet; auch lederne Schuhlaschen sind nur schwer zu bekommen. Wie ich auf die Idee kam, Schnur durch Zahnseide zu ersetzen, erinnere ich mich nicht mehr, aber es funktioniert großartig. Sie ist sehr stark und verrutscht nicht beim Festziehen.

Schneiden Sie den Griffast auf eine Ihnen genehme Länge.

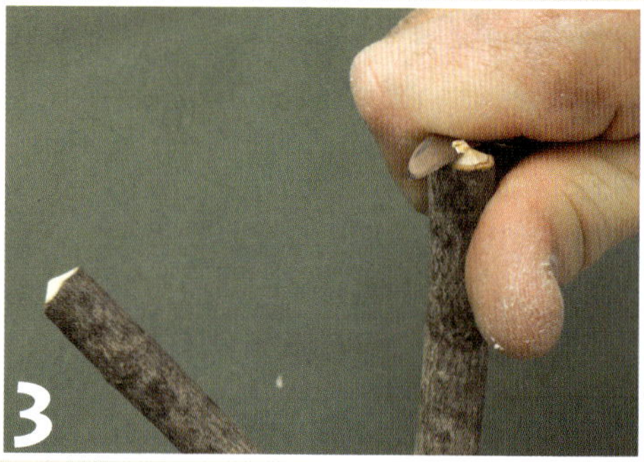

Runden Sie die beiden Kopfenden der Gabeläste ab.

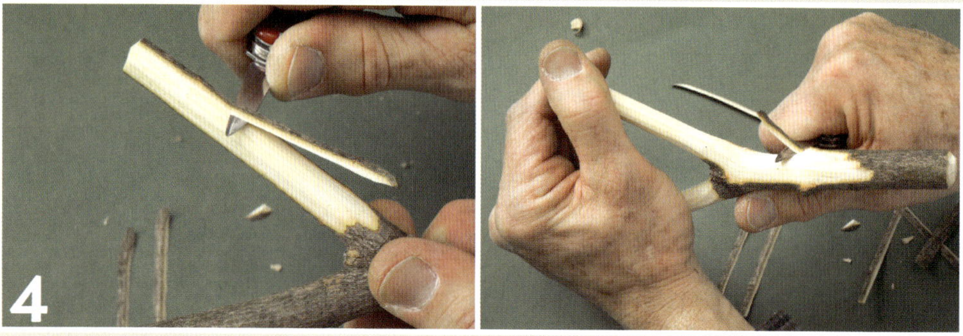

An der abgebildeten Gabel nehmen wir die Rinde komplett ab. An anderen Schleudern habe ich die Rinde teilweise belassen, je nachdem wie die Gabel aussehen sollte.

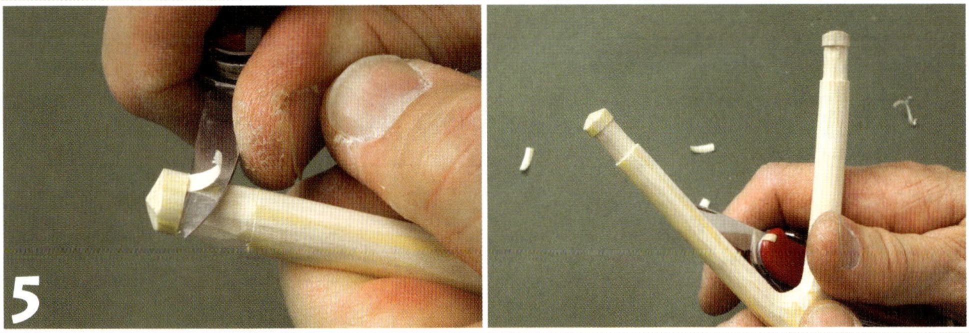

Schneiden Sie eine flache umlaufende Nut um die oberen Enden der den Gummischlauch haltenden Äste.

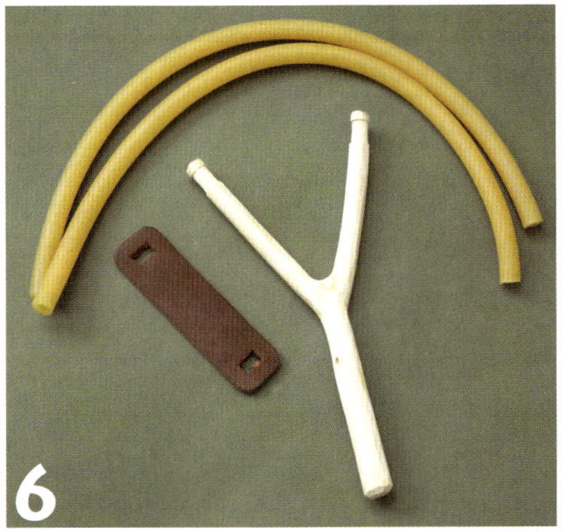

Schneiden Sie den Schlauch auf die gewünschte Länge. Vergessen Sie nicht, daß Sie den Schlauch um die flachen Nuten an den beiden Gabelästen herum und durch die Löcher, die Sie vorsichtig in das Lederstück geschnitten haben, hindurch führen müssen. Beim Schneiden der Löcher in die Ledertasche müssen Sie sehr vorsichtig sein und nicht zu weit schneiden. Andernfalls kann das Leder an diesen Stellen auf Dauer reißen.

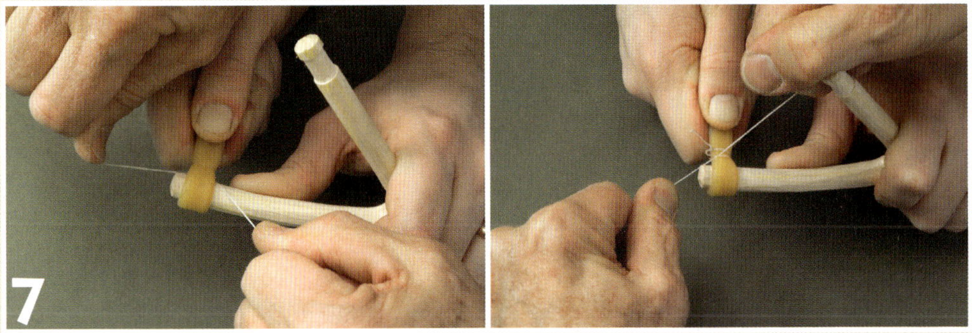

Zum Befestigen des Gummischlauchs an der Gabel braucht man auf jeden Fall zwei Personen. Eine Person hält die Gabel und spannt den Schlauch (mit dem Schlauchende außen an der Gabel). Die andere Person wickelt die Zahnseide fest um den gespannten Gummischlauch und zieht sie fest. Sparen Sie nicht an Zahnseide! Nehmen Sie sie doppelt, und verwenden Sie reichlich. Machen Sie zwischendurch immer wieder Knoten, wenn Sie sie herumwickeln und festziehen.

Übrigens: Giftiger Efeu enthält noch fünf Jahre nach dem »Tod« der Pflanze aktive ölige Substanzen.

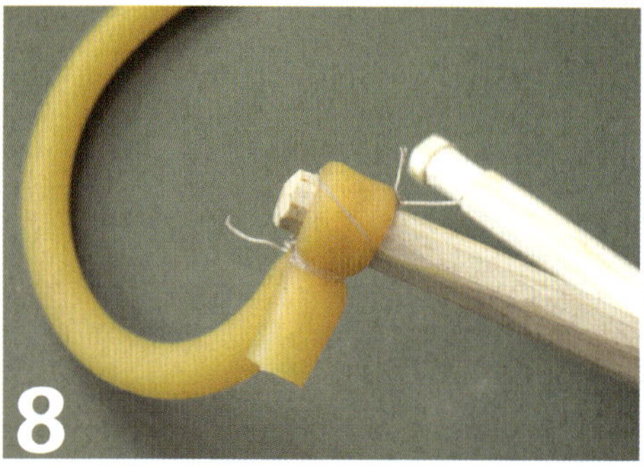

Als besondere Haltetechnik führe ich die Zahnseide kreuzförmig mehrmals über die Front der Gummilasche und um den eingekerbten Gabelast.

Der Appalachian Trail

Der *Appalachian Trail* ist mit 3 440 km der längste Fernwanderweg der Vereinigten Staaten. Er geht zurück auf eine Idee von Benton Mac Kaye, einem Förster und Regionalplaner, der in der amerikanischen Forstverwaltung arbeitete. In seinem berühmten Artikel: *An Appalachian Trail: A Project in Regional Planning* präsentierte er seine Idee vor 80 Jahren. Heute ist der Appalachian Trail – bekannt einfach nur als »A.T.« – dank der Arbeit von Tausenden von Freiwilligen, mehr als 30 Vereinen und vielen Partnerschaften Realität.

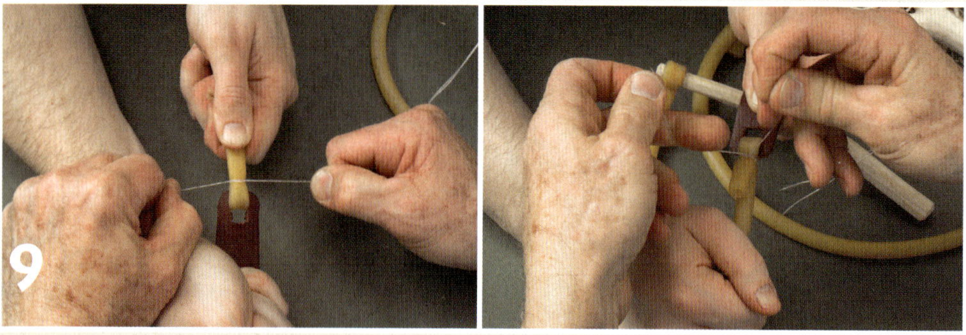

Binden Sie den Schlauch an beiden Seiten der Ledertasche fest.

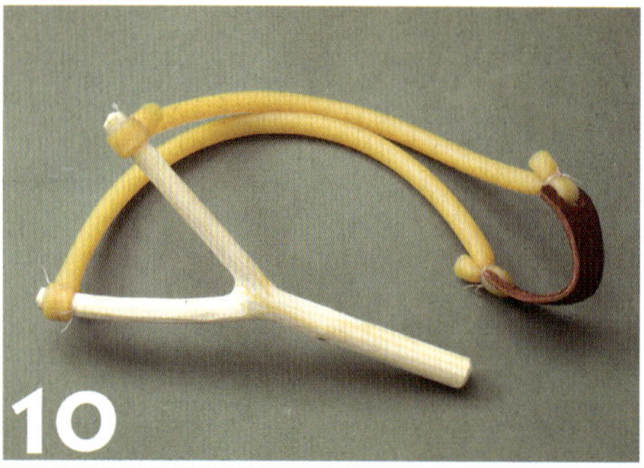

Fertig! Schleudern machen viel Spaß und sind sehr nützlich, wenn man sie richtig verwendet. Bestimmte Bundesstaaten haben eventuell besondere Gesetze und Regeln zum Umgang mit Schleudern. Achten Sie darauf, bevor Sie Ihre einsetzen. Genug gesagt!

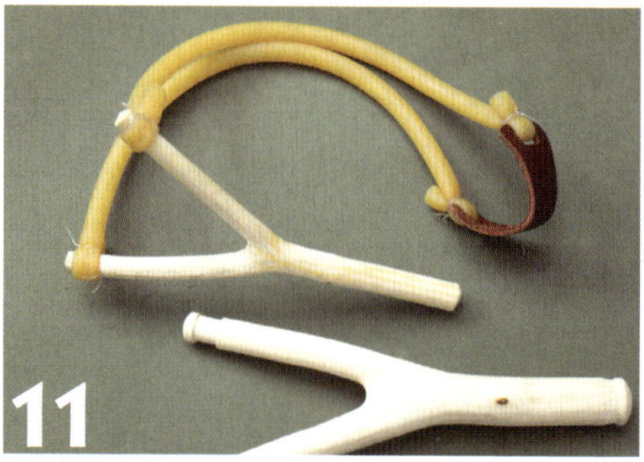

Auch wenn die für unsere Schleuder verwendete Gabel aus starkem Holz ist, ist sie etwas dünner als ich sie normalerweise für diesen etwas stärkeren Medizinschlauch verwendet hätte. Die dickere Gabel unten wäre die bessere Wahl.

Pfeife

Material:

- Messer
- Zwei Stücke geradfaseriges Holz nach Wahl
- Schleifpapier – unterschiedliche Körnungen von fein bis sehr fein (Körnung 150 und 220 sind in Ordnung)
- CA-Kleber
- Bohrer

Ich kann Ihnen nicht sagen, wie viele Leute mir auf meinen Reisen durchs Land erzählt haben, wie sie von dieser oder jener Holzart Pfeifen gemacht haben. Immer wurde die Pfeife nach der Methode »Rinde anschneiden – zur Seite schieben – Holz einkerben – Rinde wieder darüber schieben/und pusten« gemacht. Es funktionierten natürlich nur bestimmte Hölzer, und man mußte die Pfeifen im Frühling machen, wenn das Holz feucht war und der Saft lief.

Meine Arbeitsweise auf den folgenden Seiten führt zu einer einfachen Pfeife, die man aus einigen runden Aststücken (oder selbst aus einem Besenstil) das ganze Jahr über machen kann.

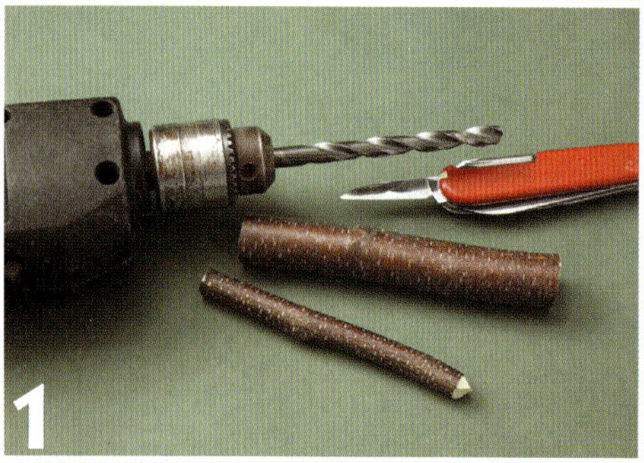

Was Sie benötigen: Einen Bohrer, zwei Stücke Holz und ein Messer. Ein etwas stärkerer als der hier gezeigte Bohreinsatz wäre geeigneter. Das Holz für diese Art Pfeife sollte getrocknet sein. (Grünholz läßt sich nicht sauber ausbohren und bekommt ein faseriges Bohrloch – die Pfeife funktioniert dann nicht richtig.)

Wie man eine Graspfeife macht

Erinnern Sie sich noch, wie Sie als Kind auf einem Grashalm gepfiffen haben? Viele haben es vielleicht schon vergessen. Hier zu Ihrer Erinnerung.

1. Suchen Sie einen Halm mit einer Breite von etwa 6 mm.
2. Halten Sie Ihre Daumen zusammen, die Fingernägel zeigen in Körperrichtung.
3. Legen Sie den Grashalm zwischen die Daumen. Halten Sie ihn straff gespannt.
4. Pusten Sie nun mit den Lippen an der Öffnung zwischen den Daumen. Sie sollten einen hohen Pfeifton hören. Unterschiedliche Töne erzeugen Sie mit stärkerem und schwächerem Pusten.

Bohren Sie ein Loch in den dicken Ast. Stoppen Sie, bevor Sie ganz durchgebohrt haben.

Nehmen Sie die Rinde am Lochende der Pfeife zur Hälfte ab.

Runden und glätten Sie das Ende.

Kerben Sie die noch mit Rinde belassene Asthälfte mit geraden und schrägen Schnitten so weit ein, bis Sie etwa zur Hälfte des von Ihnen gebohrten Loches vorgedrungen sind.

Suchen Sie einen kleineren Ast mit einem Durchmesser, der etwas größer ist als das von Ihnen gebohrte Loch.

Entrinden Sie diesen Ast an einem Ende.

Wetterregeln

Wußten Sie, daß sich nach einem alten Sprichwort Blüten vor einem Sturm schließen? Hier einige weitere Bauernregeln, mit deren Hilfe Sie das Wetter voraussagen können.

Abendrot und Morgendunst geben gutes Wetter.

Abenddunst und Morgenrot geben schlechtes Wetter.

Fliegen Krähen zu zweit, gibt es gutes Wetter.

Wenn Käferweibchen schwärmen, gibt es einen warmen Tag.

Roter Himmel am Abend gibt gutes Segelwetter, bei rotem Himmel am Morgen bleibt der Segler besser zu Hause.

Wenn die Eule schreit, gibt es schlechtes Wetter.

Wenn es getaut hat, gibt es keinen Regen.

Hat der Mond »einen Hof«, gibt es bald Regen oder Schnee.

Regenbogen am Morgen gibt schlechtes Wetter, Regenbogen am Nachmittag gibt gutes Wetter.

Stühle quietschen vor dem Regen.

Klemmende Schubladen und Türen zeigen lang anhaltenden Regen an.

Südwind bringt Regen.

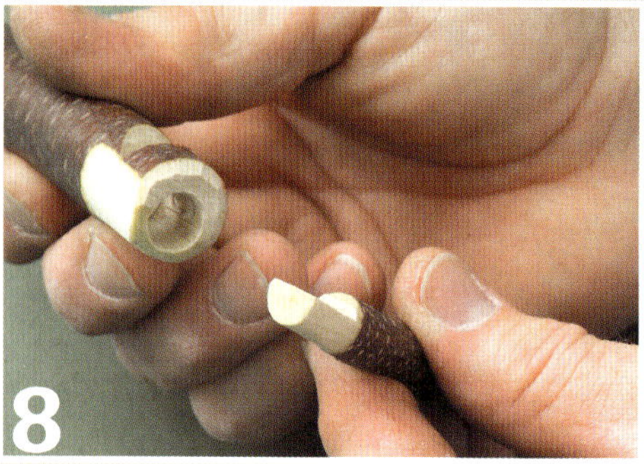

Schnitzen Sie daraus einen kleinen Dübel mit einer Abflachung auf einer Seite.

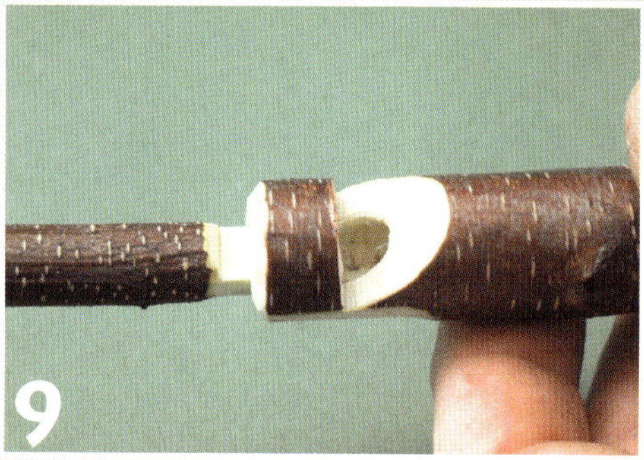

Fügen Sie das Teil mit der flachen Seite nach oben gerade so weit in das Bohrloch, daß es die Kante des Lochs erreicht.

Schneiden Sie das Teil mit dem Mundstück der Pfeife plan.

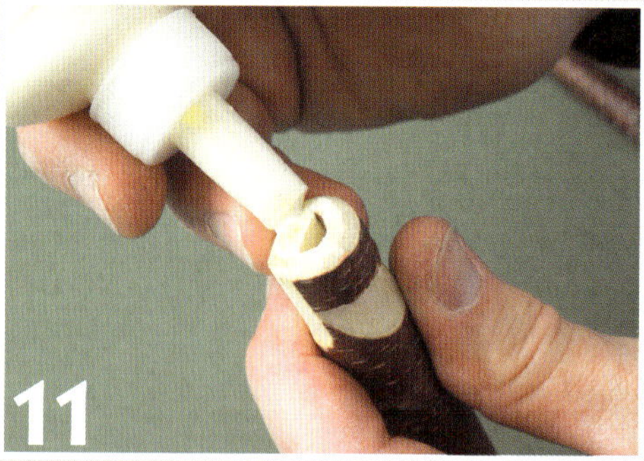

Verfüllen Sie alle Risse mit Leim und lassen ihn trocknen. Probieren Sie die Pfeife aus, sobald sie trocken ist! Wenn das Loch (die Schallkammer) glatt und sauber ist, sollte sie funktionieren. Ist sie voller kleiner Holzsplitter, wie meine beim ersten Mal, funktioniert sie nicht. Ich mußte warten, bis sie weiter getrocknet war, um das Pfeifeninnere zu säubern. Jetzt funktionierte sie einwandfrei.

Wie man mit dem Schatten die Himmelsrichtung bestimmt.

Pfeifen braucht man, um anderen Signale zu geben, vor allem wenn jemand anders oder man selber sich verirrt hat. Es schadet aber nie, wenn man sich in der Bestimmung der Himmelsrichtung auskennt. Weil Sonne und Erde fast immer in der gleichen Relation zueinander stehen, kann man mit dem Schatten die Richtung bestimmen.

1. Suchen Sie sich einen etwa einen Meter langen, geraden Stock und eine ebene Fläche.
2. Schlagen Sie den Stock in den Boden.
3. Markieren Sie mit einem Stein, einem Ast oder etwas ähnlichem das Ende des Stockschattens auf dem Boden. Diese Markierung zeigt immer Westen an, ganz egal wo Sie sich aufhalten.
4. Markieren Sie das Ende des Stockschattens nach 10 oder 15 Minuten erneut.
5. Ziehen Sie durch die beiden Markierungen eine gerade Linie. Sie gibt Ihre Ost-West-Linie.
6. Stellen Sie sich so hin, daß die erste (westliche) Markierung links von Ihnen und die zweite (östliche) Markierung rechts von Ihnen liegt. Sie sehen nun genau nach Norden.

Rückenkratzer

Material:

- Messer
- Astgabel nach Wahl
- Schleifpapier – unterschiedliche Körnungen von fein bis sehr fein (Körnung 150 und 220 sind in Ordnung)
- Bleistift, Kugelschreiber oder Marker
- Acrylfarben nach Wahl (falls gewünscht)

Ich weiß nicht, wie Sie es sehen, aber meiner Meinung nach ist ein Rückenkratzer ein ausgesprochen nützliches und praktisches Ding. Zugegeben, an einem normalen Werktag mag es etwas problematisch sein, ihn immer dabei zu haben. In der Nähe Ihres Lieblings-Lehnstuhls können Sie ihm jedoch einen festen Platz zuweisen, wenn Sie die Abendnachrichten oder ein schönes Fußballspiel schauen. Mit höchster Genauigkeit können Sie die juckende Stelle mitten auf Ihrem Rücken gerade unterhalb der Schulterblätter kratzen, ohne aufstehen und sich an irgendeiner Küchenschrankkante scheuern zu müssen. Und bestimmt wollen Sie Ihre Frau nicht darum bitten, Ihren Rücken zu kratzen, wenn sie vielleicht ein Fan der Mannschaft ist, die kurz vor dem Abpfiff 0 zu 1 zurückliegt. Wer weiß, ob sie nicht irgendwelche dauerhaften Schäden anrichten würde.

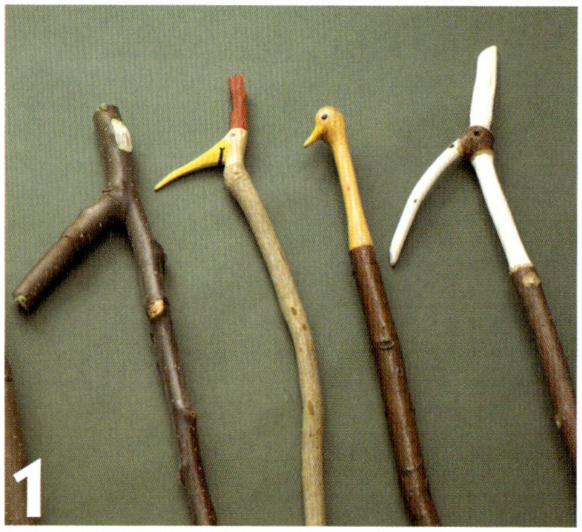

Je nachdem wie Sie sich kratzen wollen, gibt es verschiedene Formen und Schärfegrade. Zum hochpräzisen, leichten, punktuellen Kratzen können Sie sich einen Kopf mit Storchenschnabel schnitzen, wie z.B. das rot gefiederte Wesen in der Mitte. Zum nachhaltigen, festeren Rundumkratzen schlage ich einen eher runden Entenkopf vor. Als Ausgangsrohling verwenden wir das linke Teil und arbeiten einen Allzweckkratzer, scharf genug, um präzise zu sein, doch nicht so scharf, daß bei mittlerem Einsatz Kleidung oder Haut zu Schaden kommen.

Verjüngen Sie beide Seiten des oberen Endes in gleicher Weise.

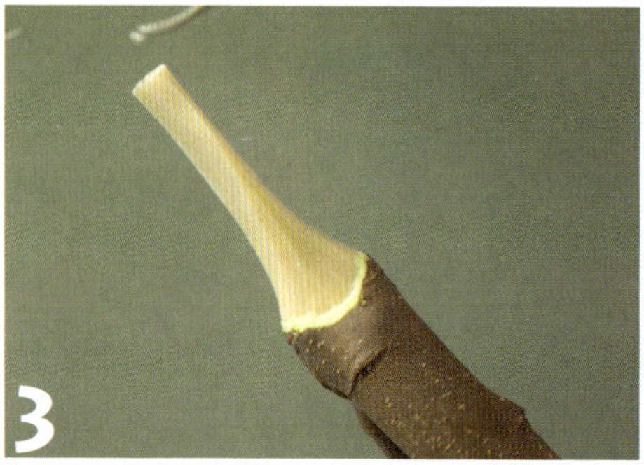

Nehmen Sie dann von diesem Stück auch den Rest der Rinde ab.

Entfernen Sie vom Schnabelast die Rinde, und verjüngen Sie ihn an beiden Seiten etwas.

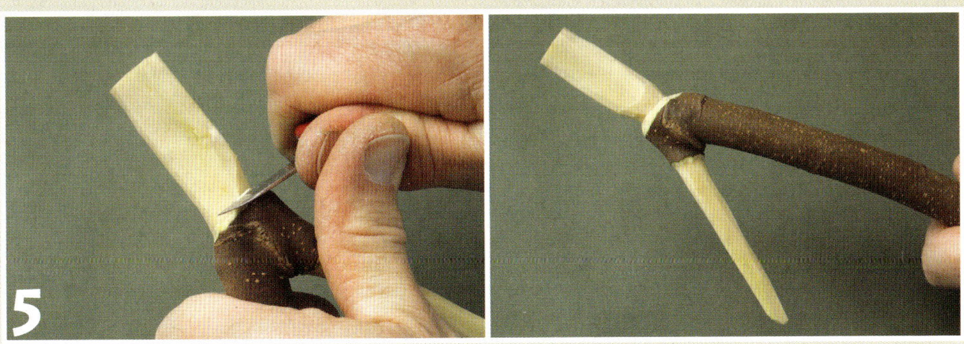

Erzeugen Sie um den Fuß des oberen Endes eine Kerbe, um es von der Oberkante des Kopfes abzusetzen, und schärfen Sie den Schnabel ein wenig an.

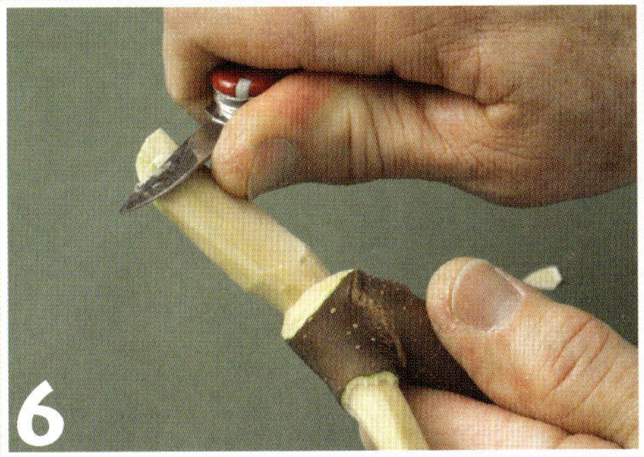

Schärfen Sie das obere Ende an den Seiten etwas an.

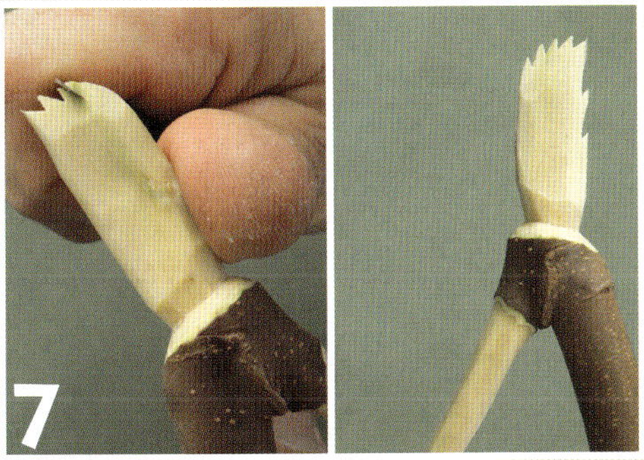

Ähnlich wie beim Hahnenkamm des Spießes (siehe S. 29) erzeugen Sie einige V-förmige Nuten am Gefieder oder wie immer Sie die Stelle nennen wollen.

Wie Sie Blasen vermeiden

Mit einem neuen Rückenkratzer läßt sich ein juckender Rücken leicht kurieren. Das ist bei anderen Unannehmlichkeiten, wie sie beim Campen vorkommen, schon etwas schwieriger. Wie geht man also am besten mit Blasen um? Möglichst keine bekommen! Hier dazu einige Tips.

- Vergessen Sie nicht: Blasen entstehen durch Reibungshitze. Beim kleinsten Scheuern, das Sie in Ihren Schuhen verspüren, halten Sie an und untersuchen es. Finden Sie die Falte in Ihrer Socke, das Steinchen, den Sand oder was auch immer, und nehmen Sie es heraus. Wenn Sie fürchten, daß der Bereich weiter scheuert, legen Sie zur Vorsicht etwas Baumwollgewebe darauf.
- Tragen Sie nie Baumwollsocken. Sie saugen Schweiß und Feuchtigkeit auf und sorgen garantiert für Blasen. Tragen Sie statt dessen Strumpfeinlagen aus Nylon oder Polypropylen in Socken aus Wolle-Nylon-Mischgewebe. Sie scheuern nicht so und leiten Feuchtigkeit von Ihren Füßen ab.
- Achten Sie auf passendes Schuhwerk. Laufen Sie neue Schuhe vor dem großen Marsch ein.
- Versuchen Sie, ob mit oder ohne Gepäck, sich keine zu weite Strecke vorzunehmen.
- Immer wenn Sie eine Pause zum Schnitzen machen, lassen Sie Ihre Füße atmen: Ziehen Sie Schuhe und Strümpfe aus, checken Sie Ihre Füße durch, und ziehen Sie (falls nötig) frische Strümpfe an.

Kleiner Tip: Nehmen Sie als transportablen, leichten Feueranzünder trockene Baumwollfusseln in verschließbaren Plastikbeuteln mit.

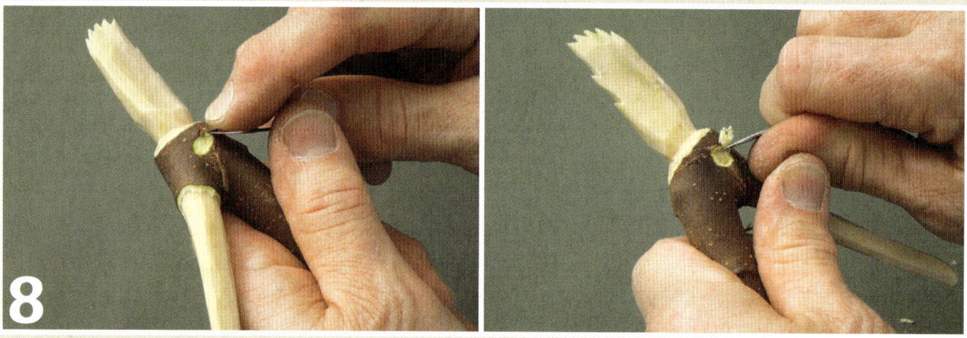

An der Stelle für die Augen nehmen Sie die Rinde mit der Messerspitze ab.

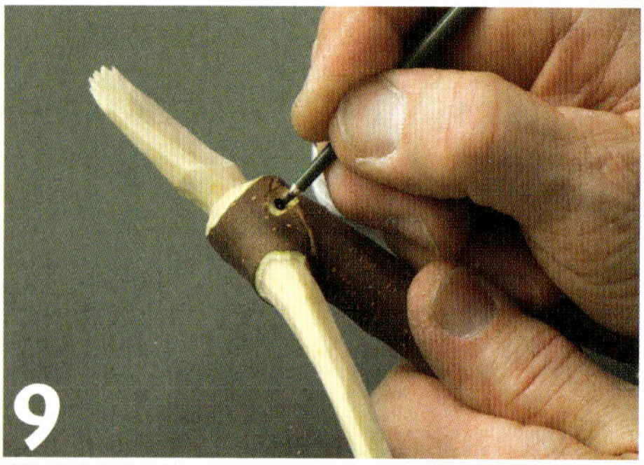

Zeichnen Sie die Augen ein. Ich verwende dazu am liebsten die angespitzte Spitze eines Pinselgriffs.

So sieht der aktive Teil Ihres Rückenkratzers aus. Mit kreativer Malerei können Sie natürlich weitere Details und Individuelles ergänzen.

Wie Sie Ihren eigenen Erste-Hilfe-Kasten zusammenstellen

Ein Erste-Hilfe-Kasten ist ein Muß für die alltäglichen kleinen Unfälle, vor allem beim Wandern. Ein gekaufter Erste-Hilfe-Kasten ist ein guter Start, den Sie um persönliche Bedürfnisse ergänzen können. Wenn Sie Ihren Kasten komplett selbst ausstatten, achten Sie darauf, daß der Behälter wasserdicht, leicht zu tragen und stabil ist.

Vorschläge zum Inhalt Ihres Erste-Hilfe-Kastens:

- Tupfer mit Alkohol
- Salbe mit lokalanästhetischer Wirkung
- säurebindende Magentabletten
- antibiotische Salbe
- Antiallergikum
- Bandagen in unterschiedlichen Formen und Größen
- Mittel gegen Insektenstiche
- Baumwolltupfer
- Augentropfen
- Erste-Hilfe-Buch
- Gazetupfer
- Pflaster
- Baumwollgewebe
- Nadel und Faden
- Persönliche verschreibungspflichtige Medikamente
- Mittel gegen Schlangenbisse
- Skalpell oder Messer
- Einwegspritze
- Pinzette

MINIATUREN ALS HERAUSFORDERUNG

Jetzt, wo Sie gut im Training sind und einige oder gar alle Projekte dieses Buches bearbeitet haben, schlage ich Ihnen eine echte Herausforderung vor. Nehmen Sie sich einige wirklich kleine Äste und Zweige, und schnitzen Sie Miniaturen. Wenn ich an meine Schnitzereien denke, mag ich meine Miniaturen am liebsten. Ich glaube nicht, daß es besonders auf Geduld ankommt, eher schon auf Konzentration. Sind Sie kurzsichtig? Kein Problem! Wie viele von Ihnen nehme auch ich meine Brille ab, wenn ich etwas aus nächster Nähe sehen will.

Die Winzigkeit dieser Projekte erkennen Sie, wenn Sie sie neben dem Vierteldollar sehen.

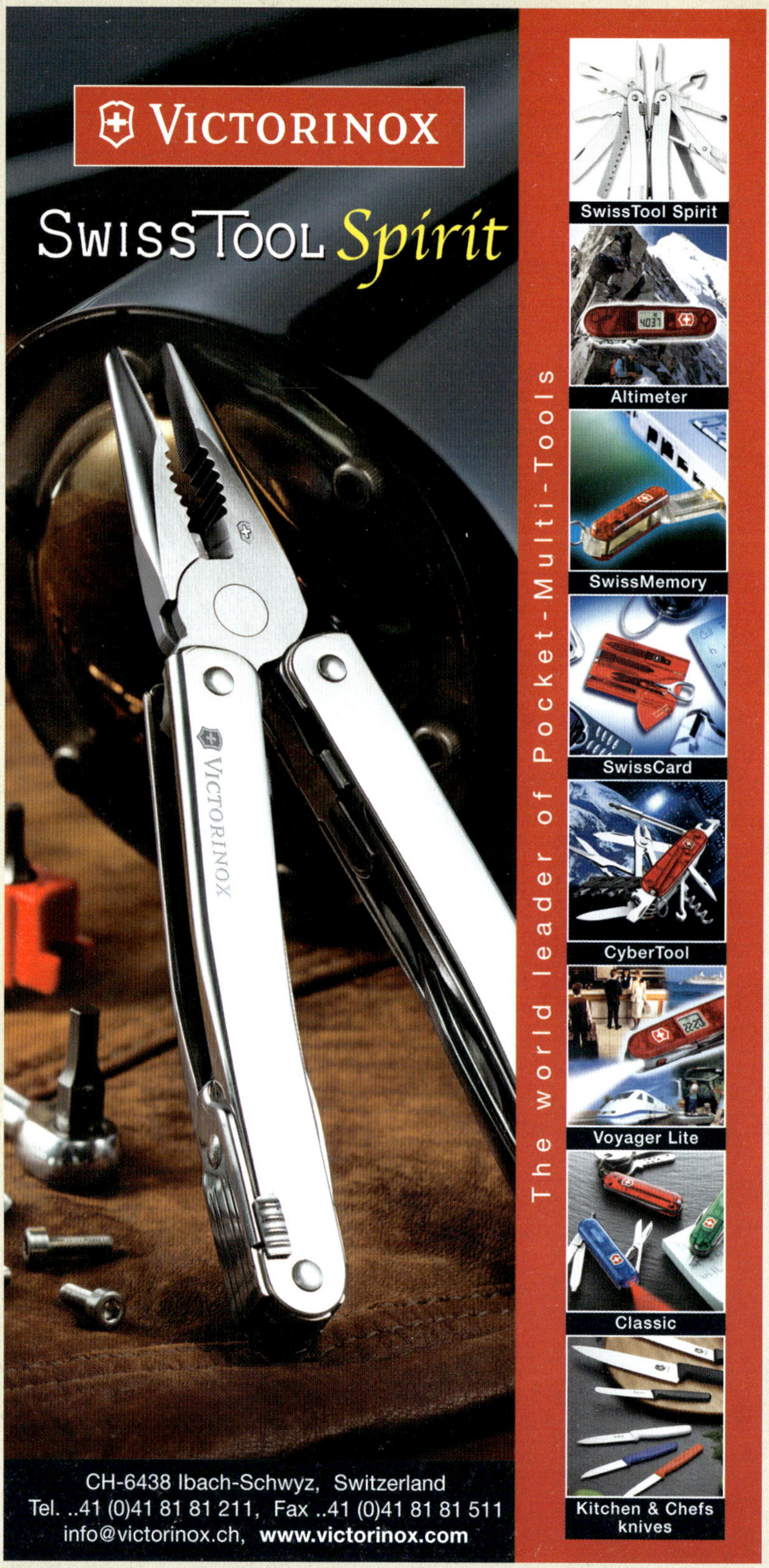
VICTORINOX
SwissTool Spirit
SwissTool Spirit
Altimeter
SwissMemory
SwissCard
CyberTool
Voyager Lite
Classic
Kitchen & Chefs knives
The world leader of Pocket-Multi-Tools
CH-6438 Ibach-Schwyz, Switzerland
Tel. ..41 (0)41 81 81 211, Fax ..41 (0)41 81 81 511
info@victorinox.ch, www.victorinox.com